博物馆里的中国历史故事

从宋元到明清

朱万章　周雪芹　主编

化学工业出版社

·北京·

编委会成员

周雪芹 侯典国 杨田英 陈 丽

内 容 简 介

　　文物是文明的结晶，是现代人与古代文明对话的有力媒介，是曾经鲜活飞扬的历史的承载者，是灿烂悠久的中华文化发展脉络的见证者。每一件文物都承载着人民创造的智慧和文化，都记录着当时人们的价值取向和生活方式。

　　每一件文物都是一部浓缩的历史纪录片。我们穿行于文物中，去感知它们背后的历史故事，去领略中国历史发展的脉络。《清明上河图》传递着盛世危言，《大驾卤簿图书》再现了宋帝祭祀天地的宏大庄严，"一代天骄"成吉思汗到底长啥样？元青花如何成为元朝文明的使者？命运多舛的黄公望在垂老之际完成其巅峰之作《富春山居图》；《宪宗元宵行乐图卷》重现明代元宵节的喧闹，《抗倭图卷》记录着倭寇之祸；乾隆盛大的江南之行给后人留下了永久难忘的生动印象，海晏河清尊呈现了当时奢靡的社会风气……

图书在版编目(CIP)数据

博物馆里的中国历史故事. 从宋元到明清 / 朱万章，
周雪芹主编. —北京：化学工业出版社，2021.8（2024.7重印）
ISBN 978-7-122-39245-9

Ⅰ.①博… Ⅱ.①朱…②周… Ⅲ.①中国历史-宋元
时期-明清时代-儿童读物　Ⅳ.①K209

中国版本图书馆CIP数据核字（2021）第101799号

责任编辑：李彦芳
责任校对：边　涛
书籍设计：尹琳琳

出版发行：化学工业出版社
　　　　　（北京市东城区青年湖南街13号　邮政编码100011）
印　　装：北京宝隆世纪印刷有限公司
710mm×1000mm　1/16　印张8　字数300千字
2024年7月北京　第1版第6次印刷

购书咨询：010-64518888
售后服务：010-64518899
网　　址：http://www.cip.com.cn
凡购买本书，如有缺损质量问题，本社销售中心负责调换。

定　　价：58.00元

中国人为什么要学习和研究中国古代史?

这是一个既简单又复杂的问题。简单地说，中国是一个历史悠久的文明古国，幅员辽阔，人口众多，族群多元。中国人生于斯，长于斯，古代历史就是我们文明的根脉。

习近平总书记强调："坚定文化自信，是事关国运兴衰、事关文化安全、事关民族精神独立性的大问题。"有鉴于此，历史学者非常有必要通过对古代史的追根溯源，来强化和培养每一个中国人的文化自信。而坚定这种文化自信，就需要从娃娃抓起。

"以物鉴史，以物言美。"本丛书以文物为媒介，用文物呈现中华文明之美，进而串联起整个中国古代简史。书中选配的珍贵文物照片，均经过严谨考证，大部分图片由中国国家博物馆提供。丛书编者使用了尽可能贴近孩子的语言来表现历史事件与生活场景，用心为孩子们讲述100件文物背后的中国历史故事。编者希望借助这些文物，向孩子们传达正确的历史知识，开阔孩子们的视野，并将文化和真知注入他们灵魂的最深处。这套书为孩子们走近文物，认识文物背后飞扬的历史故事和历史知识提供了一种有趣的选择。

学习中国古代历史，好奇心绝对是位好老师。希望翻开这套书的孩子们能收获初心，带着问题走得更远。通过这些精彩纷呈的文物，你们不仅可以学到书本上少有的知识，更能增长无限智慧。

游彪

2022年3月谨识于北京师范大学茹退居

亲爱的读者：

阅读愉快！

这套以博物馆文物为线索的历史通俗读物，共收录了100件典型文物。图书通过文物承载的历史背景、历史故事或历史事件，带领读者穿越各个历史朝代，领略当时人们的文雅风趣、丰功伟绩、生产技术以及日常生活方式等，在有趣的历史故事中掌握中国古代历史沿革的基本脉络。

我们可以通过文物来了解曾经飞扬的历史故事，这也是考古学的魅力。考古是一门综合学科，要解读文物储存的故事，需要多个学科的综合知识，如历史、哲学、政治、经济、军事、动植物学、人体解剖学、语言文字学、美学、艺术、工业技术学等。每一件文物的背后，都凝结了许多考古工作者的辛勤汗水和智慧。衷心希望和祝愿广大读者，能爱上历史，爱上阅读，从而发自内心地拥有民族文化自信心。

本丛书吸收融合了当代最新历史研究成果，许多专业研究人员提供的智力支持，为丛书增加了专业知识的深度、厚度与广度。本套书图片资料大部分来自中国国家博物馆、故宫博物院等，少部分由刘静伟、曾娅提供，在此一并表示感谢。

本书由周雪芹、侯典国、杨田英、陈丽编写，共收录了25件文物，这些国宝背后的故事，可以帮助我们大致理清从宋元到明清的历史线索和基本脉络，感知这段历史时期的先人的智慧和发明创造。

我国的历史文物不胜枚举，本书仅选取已出土的典型文物为代表，且囿于编者视野，本书内容难免有疏漏和缺憾，在此恳请广大读者多提宝贵意见和建议。

顺颂

安好如意！

编者

2022年3月

目录

鎏金银鞍桥饰（局部）

蹴鞠纹青铜镜

《闰中秋月诗帖》
（局部）

《清明上河图》
（局部）

《抗倭图卷》（局部）

成化款斗彩婴戏图杯

《宪宗元宵行乐图卷》
（局部）

郑和铸铜钟
（局部）

孝端皇后凤冠

嵌宝石金头面

江千里制黑漆
嵌螺钿执壶（局部）

《皇都积胜图》
（局部）

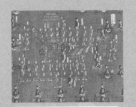

北宋《大驾卤簿图书》
（局部）

莲花式温碗

《中兴四将图》
（局部）

《成吉思汗像》
（局部）

元青花四爱图梅瓶
（局部）

磁州窑白釉黑花婴
戏图瓷罐（局部）

《富春山居图》
（局部）

察合台汗国银币

皇帝之宝玉印

《乾隆南巡图》（局部）

天王洪秀全玉玺

海晏河清尊

《平定准噶尔图》（局部）

鎏金银鞍桥饰

鞍具是契丹人游牧生活中的重要用具，素有"契丹鞍具甲天下"的美誉。辽代陈国公主墓中出土了两套共18件精美华贵的完整马具，诠释出一千多年前"马背上的民族"契丹人所特有的文化。

契丹族的四时捺钵制

宋代大文学家欧阳修出使辽国时，曾写下这样的诗句："儿童能走马，妇女亦腰弓。"这是对当时契丹人生活场景的真实写照。"好马配好鞍"，契丹人心疼战马，不断改进马鞍的制作工艺，以最大限度发挥战马的奔跑能力。宋朝太平老人撰写的《袖中锦》记载，契丹鞍与西夏剑，宋朝端砚、蜀锦、定瓷等并列为天下第一。

随着实力不断强大，契丹与中原地区的交往日益增多，契丹人逐渐从游牧生活方式走向农耕定居生活方式，但契丹社会早期的游牧和渔猎习俗被保留下来，"四时捺钵"制在辽代一直传承着。

捺钵是契丹语的音译，是辽国皇帝出行时的临时行宫。皇帝在捺钵中可与大臣商量国家大事，渔猎也是四时捺钵的主要活动。四时，即春夏秋冬四季。契丹人在春天凿冰取鱼，捕捉天鹅、大雁；夏天避暑纳凉，商议国家大事；秋季进行射鹿、猎虎活动；冬季进行钓鱼、围猎、比武活动。

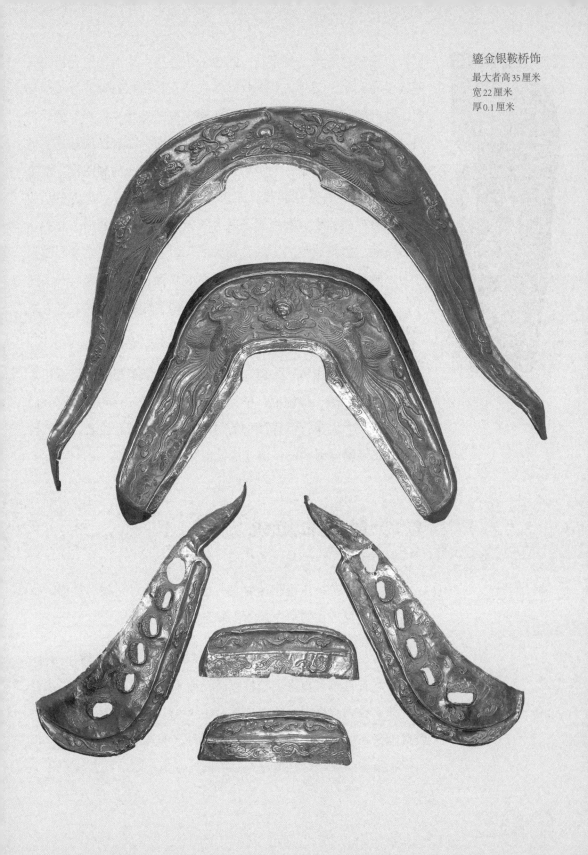

鎏金银鞍桥饰
最大者高35厘米
宽22厘米
厚0.1厘米

以春捺钵为例，皇帝在一月份外出渔猎。这时，因为猎物天鹅还没有到来，契丹人会把帐篷支在冰上，凿冰取鱼。等天气变暖，就开始让经过驯化的、被叫作海东青的老鹰来捕捉天鹅。狩猎之前，皇帝的侍从一般会穿上墨绿色衣服，围着湖泊站立，他们手里备着一柄锤子、一个喂食老鹰的器具、一柄刺鹅锥；皇帝穿上方便打猎的紧身服装。如果侍从发现了天鹅，就会举起旗子，负责打鼓的士兵看到旗子就会敲鼓，天鹅听到鼓声，吓得从水面飞起。负责放哨的士兵看到天鹅飞起后，就高高地举起旗帜作为信号。皇帝看到信号就下令放飞海东青。这时，老鹰一飞冲天，直击云霄，从高空如箭般地冲向飞到半空中的天鹅，将天鹅捕获。

契丹皇帝一般将"头鹅"供奉到宗庙中祭祀祖先，皇帝和大臣们会在头上插一根鹅毛，举行"头鹅宴"，在捺钵中喝酒庆祝。契丹皇帝和大臣举行渔猎活动的目的是以身示范，让老百姓不要忘记本民族骑马射箭的传统，练就能征善战的本领。

白马青牛的传说

契丹族的游牧传统和骑射文化使得契丹人对马和马具都有特殊的感情。契丹人的祖先起源传说与马相关。

相传，有神人乘白马，过土河向东而行。与此同时，有一个天女驾着青牛车由平地松林渡潢河而下。到了木叶山，二水合流，神人和天女相遇，结为夫妻，生了八个儿子。之后，他们的后代越来越繁盛，分成八部，成为契丹族的八个部落。后来，每当行军及春秋祭祀时，契丹人必用白马青牛，以示不忘本。

在辽朝早期的墓葬中经常会发现用马或马头来陪葬的现象。但到了后期，辽国皇帝出于战争和农业生产的需要，明令禁止用马匹殉葬，人们开始用马具来代替活马殉葬。

1954年，内蒙古自治区赤峰市大营子辽驸马墓出土了两套共18件精美完整的马具，它们由马络头、马鞍、障泥、马镫、蹀躞带等组成。这些马具上有的缀有雕刻精美的玉石，有的绘有华美的凤鸟纹饰，有的錾有鎏金花饰，有的镶有纯银包边，每一件都精美华丽。

障泥，是垂在两侧马鞍下的用来遮挡泥土用的马具。墓葬中出土的彩绘银障泥一副两件，由薄银片打制而成，银片上饰有华丽的凤鸟、朱雀、变形云纹，左右对称，形制规整，纹饰精巧，显示了当时辽国宫廷工匠高超的技艺水平。

马镫，是供骑马人在上马和骑乘时踏脚的马具。其实，早在1600年前，古人就发明了马镫。它把畜力应用在短兵相接之中，让骑兵与马合为一体。因此，马镫在中国乃至世界历史，尤其是军事史上都发挥过不可替代的重大作用。辽驸马墓出土了一铜一铁两副马镫，高19.5厘米，宽15厘米，与攀胸相连，镫鼻和镫体连接后可活动，左右旋转自如，避免了之前马镫因通体固定而令人不舒服的缺点，体现出辽代马具在制作方面注重舒适与实用相结合的原则。

马络头、马鞍、障泥、马镫等马具组合到一起，证明契丹人的狩猎技术由之前"胡服骑射"的粗放式上升到"人马合一"的精细化高度，由此也提高了骑兵作战的效率。

02

独领风骚的大宋蹴鞠

蹴鞠纹青铜镜

宋代蹴鞠运动在各个阶层广泛流行。蹴鞠纹青铜镜镜面光洁，背面是横铸浮雕状装饰画，画面展示的就是蹴鞠游戏。画中有一女子和一男子正在玩蹴鞠，小球呈起落之间的状态，旁边还有裁判和观众，整个画面非常精彩，极具动感。

宋代蹴鞠的规则

蹴，是踢的意思；鞠，是皮球。中国最早关于蹴鞠的记载可以追溯到两千多年前的汉代。汉代鞠的外面是由两块皮革缝制而成的，里面填充毛发，是实心球。到了唐代，人们将鞠的皮革增加到8片，原来的实心球也改为有内胆的、可充气的空心球。到了宋代，鞠的制作工艺更加成熟，种类也更加多样，鞠的外面由12片或16片皮革加工而成，内胆材质使用了牛膀胱，结实耐用，形状更加接近圆形。

到了宋代，蹴鞠运动的规则已经非常完善。根据赛制和参与人数的不同，主要可以分为白打和筑球两种。

白打属于个人表演性活动，与今天的杂耍或花式足球类似，比赛规则要求球员可以用除手以外的身体其他部位，如头、肩、背、腹、膝、脚等来触球，可变换各种花样，先落地或违规者认输。同筑球相比，白打踢法简单、快捷，因而在宋朝更为流行。上自皇帝，下至平民百姓，都喜欢以此为乐，街头巷尾皆

蹴鞠纹青铜镜
直径10.6厘米
厚0.6厘米

可玩耍。白打的场地用绳子圈起来，场地的大小一般随参赛人数的变化而变化。人数一般从一人到十人不等。如果是一人单独上场，逐一表演蹴鞠技能，叫作井轮；两人场，即两人对踢，叫作打二；三人场叫作转花枝或小官场；四人场叫作流星赶月；五人场叫作小出尖、皮破；六人场叫作大出尖；七人场叫作落花流水；八人场叫作八仙过海；九人场叫作踢花心，即一人站在中间，另外八人呈环状围在周围，将球依次踢给站在花心的队员；十人场叫作全场。比赛输赢以踢出花样动作的多少和难易程度作为评判的标准，如果动作有偏差就要输筹（筹是计数用具，多用竹子制成），最后得筹多的人赢得比赛。

宋太祖赵匡胤的球技非常好，在当时赫赫有名，尤其擅长花样繁多的白打。中国国家博物馆和湖南省博物馆收藏的宋代蹴鞠纹青铜镜，绘制的是一男一女对踢的场景，非常精彩地还原了当时踢球的情景，是不可多得的精品。前面左侧一名高髻鬓发、身态轻盈的女子一脚直立，一脚抬起作踢球状，一个球刚被踢起。她的右侧是一名戴着幞头，身着古代长服的男子，身体向前微倾，作蹲步状，全神贯注地注视着女子的蹴鞠动作，做出防御的姿势。女子身后有一腰束百褶裙的女侍，肩搭一长巾，兴致盎然地观赏着比赛场上的情况。男子身后有一男侍，手中持一铃状物，凝视着比赛场上的变化，像是一名裁判。整个画面布局精彩，极具动感。

筑球是另外一种比赛形式，同白打相比，它更强调对抗性。筑球本来是军人玩的一项游戏活动，后来传到民间。比赛时，一般在球场中间树立3丈高的竹竿，上有风流眼，风流眼就是双方球头要将球踢进的球门。宋代筑球继承了唐代单球门和无球门两种踢法，取消了双球门踢法，改进了单球门踢法。与唐朝相比，宋朝蹴鞠的娱乐性增强，竞技性减少。

筑球比赛开始前，两队在球门两旁站立，然后抽签决定谁先开球。如同现代足球的前锋、中卫、后卫一样，宋朝蹴鞠比赛时，球队队员也根据在球场上承担的职能分为球头、正挟、副挟、左竿网、右竿网、散立等。这些球员之间来回传球，最后再由球头将球踢进3丈高、1尺宽的球门，谁进球多即为赢家。

宋代蹴鞠的流行

在宋代，还出现了众多专门以踢球为职业的蹴鞠团体（或称球队）。文献记载中较为出名的一支球队叫齐云社。它是一支由民间自发组织的蹴鞠团体，类似于今天的足球俱乐部。这些蹴鞠团体对于蹴鞠比赛的技术规则与比赛章程有严格的规定。由于北宋商业繁荣，城市中也出现了可供商业娱乐表演的场所——瓦舍，这为专业表演蹴鞠的职业选手提供了表演场所。当然，除了职业蹴鞠运动员外，当时也有一些业余的蹴鞠选手。

宋代蹴鞠运动的流行使得一些人依靠蹴鞠特长步入仕途，如高俅和柳三复。

在《水浒传》中，高俅本是一个市井小流氓，因为具有很高的蹴鞠技术，被喜爱蹴鞠的端王赏识。后来端王成为皇帝，高俅便飞黄腾达，官至太尉。之后，他用毒辣的手段陷害林冲，使得这位八十万禁军教头家破人亡，之后高俅还陷害了宋江等人。

历史上确有高俅其人。史书记载，高俅原是苏轼的小史，他文采飞扬，且写得一手好字，又有点武功基础，蹴鞠踢得很好。

后来，苏轼将高俅推荐给了他的朋友都太尉王诜。有一次，王诜派高俅到端王府送东西。高俅到端王府时，端王赵佶正在玩蹴鞠。这时，只见一鞠落到高俅面前，高俅顺势一脚，踢出一记漂亮的鸳鸯拐，因此得到赵佶的欣赏，并成为他的亲信。

柳三复不同于高俅，是个读书人。考中进士后，柳三复想拜见当时的宰相丁谓，但苦于没有机会，于是就在宰相家墙外等候。这一天，机会终于来了，一个鞠正好由宰相府内踢出，柳三复将鞠送到丁府，这样才见到丁谓。他把自己高超的球技展示给宰相看，从而获取了丁谓的好感，最终获得高官厚禄。

宋徽宗时期，尚书右丞李邦彦也是一个非常喜欢蹴鞠的人，他的人生理想是"赏尽天下花，踢尽天下球，做尽天下官"。作为堂堂一朝宰相，竟将踢球、赏花、做官相提并论，李邦彦因此被人戏称为"浪子宰相"。

宋朝人都爱蹴鞠。南宋吴自牧著的《梦粱录》列出了当时的五位蹴鞠高手：黄如意、范老儿、小孙、张明、蔡润。在传统节日，如清明节、元宵节，老百姓更是喜欢进行蹴鞠运动。南宋诗人陆游在《晚春感事》中写道："蹴鞠场边万人看，秋千旗下一春忙。"这首诗写出了平民百姓争相观看蹴鞠的盛况。

蹴鞠运动除了具有娱乐健身功能外，还具备外交礼仪、宴会助兴等社会功用。据史书记载，宋高宗在会见金国使节时，除了设宴、歌舞表演外，还特地找来32人的"筑球军"进行蹴鞠表演。

宋朝蹴鞠运动的繁盛也影响到周边国家，金朝的蹴鞠运动也很流行。尤其是"靖康之变"后，与宋徽宗、宋钦宗一同被掠走的，还有许多为皇室服务的工匠艺人，其中就有制作鞠的工匠，当然也有擅长蹴鞠的人，这在客观上传播了蹴鞠运动。

蹴鞠的衰落

元代以后，蹴鞠活动虽仍然存在，但踢球人的范围已大大缩小。元代只是将妇女踢球作为一种供人欣赏的技艺。擅长蹴鞠的妇女在当时被称为"蹴球伎"，基本上归于艺人范畴。

明初，朱元璋认为踢球已和淫乐相关联，所以在他称帝后，传下圣旨，严令禁止军人踢球。但还是有两个小官忍不住去踢球，犯了禁令，结果被废右脚，全家发配云南。至此，蹴鞠在明宫中基本绝迹，而民间开展的娱乐性蹴鞠活动也远不如唐宋。

到了清代，满族出身的皇帝虽然更重视满族传统体育，但蹴鞠在民间并未完全断绝。爱好滑冰的满族人还将蹴鞠与滑冰结合起来，发明了一种"冰上蹴鞠"的运动形式。但在多重社会因素制约下，蹴鞠这一延绵近两千年、曾经具有广泛群众基础的体育活动还是消亡了，没有成功演变成现代意义上的足球运动，实在是莫大的遗憾。

独领风骚的大宋蹴鞠——蹴鞠纹青铜镜

03

《闰中秋月诗帖》

亡国的千古画帝

沉迷于浪漫艺术，对个人来说是一件好事，但对一国之君来说，肯定会误国。亡国之君宋徽宗赵佶就是这样的一个典型代表。他极具艺术天赋，尤其是书法和绘画，他独创的瘦金体自成一家，在中国书法史上占有极其重要的地位。《闰中秋月诗帖》是宋徽宗瘦金体书法作品的代表。

令人向往的宋朝

英国史学家汤因比说："如果让我选择，我愿意活在中国的宋朝。"中国学者余秋雨也说："我最向往的朝代就是宋朝。"两位学者选择宋朝是有原因的，因为宋朝不仅商业繁荣，科技发展水平高，而且文化艺术也非常繁荣。

开国皇帝宋太祖赵匡胤曾要求子孙"不得杀士大夫及上书言事人"，因此，宋朝文人的社会地位得到了空前提高，重文轻武的社会风气在宋朝达到极致。

唐宋八大家中的苏洵、苏轼、苏辙、王安石、曾巩、欧阳修都是宋朝人。宋朝还有流芳百世的四大书法家苏东坡、黄庭坚、米芾、蔡襄。兴盛于宋朝的程朱理学，代表人物有北宋二程（程颐、程颢兄弟）以及理学集大成者南宋朱熹。苏轼又培养了著名的苏门四学士，即黄庭坚、秦观、晁补之、张耒。在敬重文人的社会价值观下，宋代的文学得到了空前的发展。

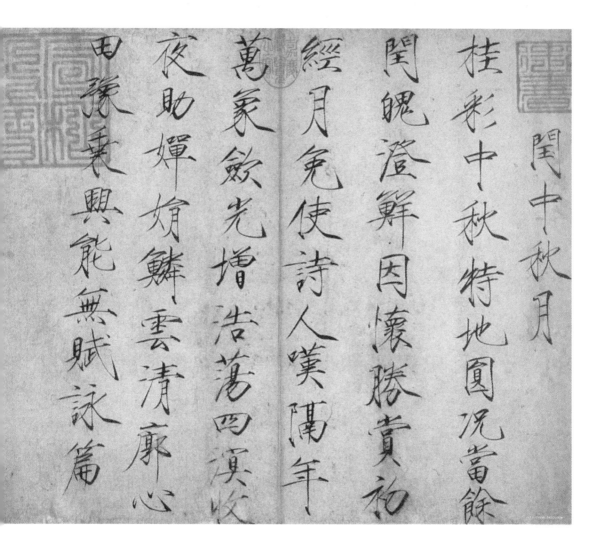

《闰中秋月诗帖》
纵35厘米
横44.5厘米

宋朝在科学技术方面也取得了巨大的进步。中国四大发明中有三个开始于宋朝，或在宋朝被大规模地推广应用，即指南针、火药、活字印刷术。在宋朝，指南针开始用于航海，毕昇的活字印刷使印刷术得到了飞速发展，火药开始广泛应用于军事领域。

宋朝的传统制瓷工业繁荣昌盛，是中国瓷文化发展史上的一个重要时期。宋朝有著名的五大名窑：汝窑、哥窑、官窑、定窑、钧窑。五大名窑代表了中国单色釉瓷器的最高水平，是全球各大博物馆和收藏家梦寐以求的瑰宝。宋朝五大名窑的传世瓷器极为稀少，其市场价值不言而喻。

因沉迷艺术而误国的宋徽宗

宋徽宗赵佶独创的瘦金体在中国书法史上占有极其重要的地位。唐代大书法家颜真卿的楷书圆润、敦实、厚重；瘦金体则剑走偏锋，突出其瘦，但瘦中有腴，瘦得清妙。《中国书法风格史》评价赵佶："他是继唐代颜真卿以后的又一人。"颜真卿的楷书在后世一直有不少继承者，但瘦金体在中国书法史上却是孤本，后人虽然去学习、临摹它，但很难得其精髓。宋徽宗因瘦金体而成为书法艺术史上独树一帜的大师。

瘦金体的代表作是《闰中秋月诗帖》，该帖曾被清朝宋荦、乾隆内府、嘉庆内府等收藏，被《石渠宝笈初编》著录。笔画带过之处，如游丝行空，缠绵飘逸，是瘦金体书法艺术作品中偏于柔美的风格。

闰中秋月

桂彩中秋特地圆，况当余闰魄澄鲜。
因怀胜赏初经月，免使诗人叹隔年。
万象敛光增浩荡，四溟收夜助婵娟。
鳞云清廓心田豫，乘兴能无赋咏篇。

宋徽宗是罕见的艺术奇才，他勤于绘画、尤善花鸟画、人物画、山水画，他的《瑞鹤图》《听琴图》是旷古绝今的艺术珍品，他也被后人称为"千古画帝"。

宋徽宗不仅自己绘画、书法功力深厚，而且对画师万分礼遇。在宋徽宗统治时期，宣和画院日趋完备，画院考试还被纳

入科举考试之列，以揽天下画家。宋徽宗常常亲自出题来考画师。传说，有一天宋徽宗踏春归来，雅兴大发，便以"踏花归来马蹄香"为题，在御花园举行了一次别开生面的画考。"花、归来、马蹄"都是有形的东西，容易用画笔表现，"香"却很难用画笔表现出来。尽管众多画师都是丹青妙手，但拿着这个画题也无从下笔。唯有一个青年画师匠心独运：几只蝴蝶飞舞在马蹄周围，形象地表现了踏花归来、马蹄留香的意境。这幅画让宋徽宗满意至极，认为此画将无形的花香形象地跃然纸上，让观画者感受到香气扑鼻！众画师莫不惊服，自愧不如。

赵佶为了修建皇家园林——艮岳，从全国各地运来奇石，还专门将此类任务命名为"花石纲"。宰相蔡京为了取悦宋徽宗，将一块太湖石运到京城，为此还专门制造了一艘大船，拉船的纤夫多达几千人，凡船途经之处，都须拆桥毁墙，以便让大船通过。对于这样的行为，宋徽宗不仅不反对，反而为主管此次运输的官员加官晋爵。

宋徽宗继位后，为了化解党争危机，任用蔡京等没有党争背景的人为宰相，困扰朝廷多年的新旧党争在宋徽宗时期告一段落。虽然党争结束了，但新旧两派轮番执政，政策忽左忽右，老百姓深受其害。掌权的宰相蔡京、宦官童贯等人不以国家为己任，损公肥私，贪污腐败，将整个国家拖入越来越危险的境地。

当金国起兵侵宋之际，面对危急存亡之秋，宋徽宗的对策却是急忙让位于太子赵恒（即钦宗），自己以太上皇身份避世。宋军终究敌不过势如破竹的金兵，最终首都汴京（今河南开封）失守，宋徽宗、宋钦宗两人沦为阶下囚，连同大量赵氏皇族、后宫嫔妃、朝臣等三千余人被掠去金国为奴，史称"靖康之变"。至此，北宋灭亡。

04

盛世危图

《清明上河图》

《清明上河图》是中国十大传世名画之一，是北宋画家张择端仅见的存世精品，属国宝级文物。《清明上河图》描绘的是清明时节，北宋首都东京汴梁城（今河南开封）美丽的自然风光、繁荣的商业景象和人们的生活状态。整幅画的内容大致可以分为汴梁城郊外春光、汴河场景、城内街市三部分。在5米多长的画卷中，描绘了各行各业五百多个人物，画上的牲畜、招牌、交通工具、食物、日常用具、建筑、服饰等各有特色。

繁忙的交通

观看《清明上河图》，首先你会看到一条小河旁的大路，路上的驼队和几匹毛驴驮着满满的货物向汴梁城走来，前面赶车的马夫把领头的牲畜赶向拐弯处的桥上，后面有人用马鞭把骆驼和毛驴向前驱赶，一看他们熟练的架势，就知道是"快递老哥"了。看到马、驴可能不稀奇，为什么还有骆驼呢？原来这支驼队的主人是胡人，他们可能从遥远的西域，千里迢迢地贩运物资到汴梁做生意，说明汴梁当时是一个国际化大都市。

接着，你会看到一队结婚迎亲的人马。新郎官骑着一匹枣红马，新娘坐在一顶轿子里。除了新郎新娘，还有一个人拿着新娘的梳妆盒，一个脚夫挑着一担鱼肉，这些都是新娘的嫁妆，寓意富贵有余。再走一段路，路旁店铺林立，行人更多了，路也更宽了，这条路就是直通汴梁城的大道。这条大道的两旁有很多商铺、货运栈和码头，呈现出一派繁忙景象，有好多船只停靠在那

里，其中有一条船正在装卸货物。有人从船舱里将麻袋放到搬运工的肩上，然后货物被搬下船，一切显得井然有序。这些货船将来自江南鱼米之乡的粮食沿着运河运到东京，然后储存到汴河附近的国家粮库中，因此，汴河就成了宋朝当时的交通大动脉。

顺着汴河旁边的"临河大道"向前走，可以看到另外一个较大的码头。相比前一个码头，这个码头周边的店铺面积更大，装饰更华丽，里面有不少客人。码头上停靠着货船和客船。客船装饰华丽，船上有门楼，门楼上有花格窗户，舱内有餐桌，船舷宽敞，方便乘客出入，是宋代的豪华渡轮。

沿着刚才的码头再往前走，会看到一条货船逆水而行，船上的水手严密地注视着船只动向，谨防发生船只碰撞事故。除此之外，另外一条客船也正忙着靠岸，客船上有20多个船工紧张地工作着，有的船工正在收帆放桅，有的船工正准备接收从虹桥上扔下来的绳子，用它将船只拴在码头的石柱上。同时，还需要另外一边的船工用船篙将船撑向码头，以增加船向码头靠近的动力。接船的人有的已经迫不及待地站在虹桥上向船上的人招手了。

虹桥气势如虹，高大的船只也能从下面顺利地穿行而过。汴河上原来并没有这种无柱的虹桥，但是，由于汴河水深流急，船只在过桥时经常会撞在桥墩上，对船只和桥梁都非常危险。宋仁宗年间，山东青州一个老百姓首先建成了虹桥，他先用坚固的石头加固两岸，然后再用整根的大木材并列铆接榫合，以支撑大桥的跨度，桥面用成排的木料紧固，以形成一个坚固的整体。这个老百姓受到宋仁宗的嘉奖，宋仁宗下令将东京汴河上的桥全部改建为这种虹桥，一共建了36座这样的桥。这不仅方便了交通运输，而且保障了首都的物资供应。

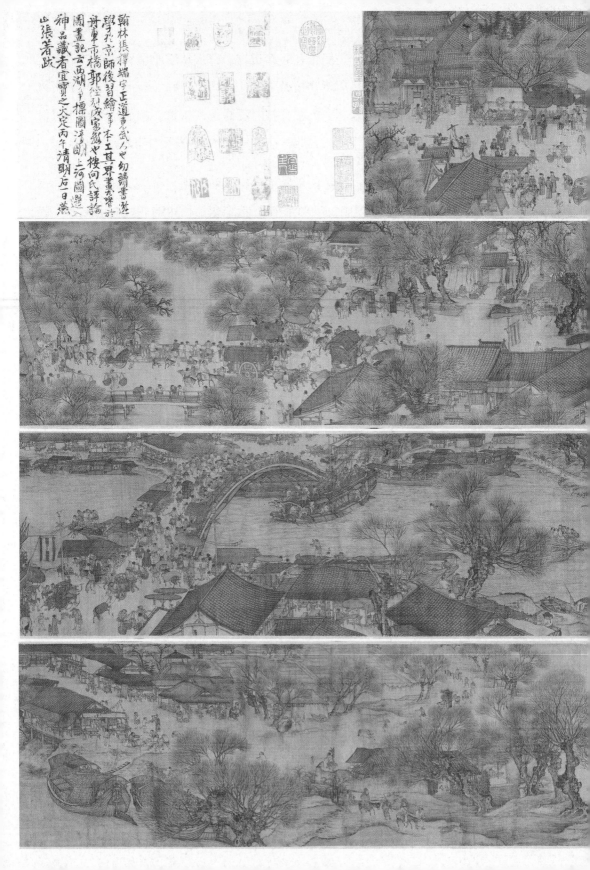

翰林張擇端字正道東武人也幼讀書遊
學於京師後習繪事本工其界畫尤嶄於
舟車市橋郭徑別成家數也按向氏評論
圖畫記云西湖爭標圖清明上河圖選入
神品藏者宜寶之大定丙午清明後一日燕
山張著跋

发达的商业

走过一座虹桥，就进入了市中心，这里商铺众多。店铺前面的幌子、旗子、招牌异常醒目，有酒楼、药铺、茶馆、弓店、当铺、书坊；也有一些沿街摆摊的人，如木匠、算命者、刀剪匠、卖花女等。

临街的茶馆、酒馆鳞次栉比，街头的饭馆数不胜数，可见当时的饮食业相当发达。其中经营正规的被称为正店，有点像今天的星级饭店。在《清明上河图》中广告做得最响亮的是孙羊正店，这是一个名叫孙羊的人开的大饭店。

在宋代之前，将商业贸易中心称作市，将居民区称作坊。市和坊严格区分，并且买卖东西有严格的起始时间。到了宋代，商品经济高度发达，已打破了市坊的界限，在居民区也可以开商铺，买卖东西。随着宵禁的解除和夜市的出现，宋朝人一般在晚上还会加一餐。

丰富的饮食和娱乐活动

在北宋首都的街头能吃到什么小吃呢？看看招牌吧，王楼山洞梅花包子、李家香铺、曹婆婆肉饼、李四分茶……当然，还有我们现在还经常听到的武大郎炊饼。在宋代，饼作为一种主食，是百姓餐桌上不可缺少的一部分。其做法有很多种，烤熟的叫烧饼，用水煮熟的叫汤饼，蒸熟的馒头当时叫笼饼。宋代市民除了吃主食，早晨还习惯喝一种煎茶，这

种茶用茶叶、绿豆、麝香等原料加工而成。与现代人泡茶不同，宋代流行点茶。他们在壶中煮茶，快沸腾时，加些冷水，待茶水再次沸腾时再加些冷水。如此点三次，方可收到茶水色味俱佳的效果。

如果你想去宋朝的大饭店点菜吃，这里需要给你几点提醒。第一，很难吃到用油炒的菜，因为北宋时油菜籽还没有量产。第二，当时菜单上没有酸辣土豆丝，因为辣椒、土豆是明朝时才从南美洲引种进来的。第三，没有高度白酒，只有黄酒。在宋朝，一般吃饭前先喝汤羹，如百味羹、鹌子羹、粉羹等；然后是冷菜，如越梅、香糖果子、梅子姜等；再上几道下酒的肉菜，如红丝水晶脍、软羊、旋炙猪皮肉等；之后再上绿色蔬菜，宋代的青菜都是水煮的；还可以喝点饮料，如甘豆汤、木瓜汁、紫苏饮等。

吃饱喝足后，你可以在街头的瓦舍观看文艺演出。在宋朝，瓦舍是一种有固定演出的大型综合性商业娱乐场所，会

《清明上河图》（局部）

纵 24.8 厘米

横 528.7 厘米

上演诸如杂手伎、弄虫蚁、舞旋、神鬼、讲史、歌舞、说唱等表演。

　　北宋时，已经出现了纸币——交子，它是中国最早由政府正式发行的纸币，也被认为是世界上最早使用的纸币。交子便于携带，它的出现促进了商业的繁荣发展。

盛世下的隐忧

　　《清明上河图》中的繁荣盛世下暗藏着一些危机。如专门用于火灾消防的望火楼上却无一人值班，望火楼下的两排兵营被

国宝小档案

我的名字:《清明上河图》。

我的特征:《清明上河图》纵24.8厘米、横528.7厘米,采用散点透视构图法。

我在哪里: 故宫博物院。

我能告诉你:《清明上河图》生动记录了中国12世纪北宋都城东京汴梁(又称汴京,今河南开封)的城市面貌和当时社会各阶层人民的生活状况。它是北宋时期都城汴京繁荣的见证者,是北宋城市经济情况的真实写照,具有很高的历史价值和艺术价值。

改为饭馆;首都的城墙上没有任何城防工事,没有一个兵守卫。从这些细节可以看出汴梁是一个不设防的城市,这就为国家遭遇危难时的防守埋下了隐患。因此,有人说张择端画这幅画的用意是"曲谏",想让皇帝明白当时已经出现的危机,但宋徽宗赵佶看完这幅画后,只在卷首题五签,并加盖双龙小印,并未重视这些危机。后来,张择端的这些担忧果然应验,1127年发生靖康之变,北宋都城被金人攻陷,《清明上河图》也从皇宫流落到民间。

盛世危图——《清明上河图》

北宋《大驾卤簿图书》

古代皇帝出行时所乘的车称为车驾。记录皇帝出行所用的兵仗器等护卫装备的本子称为卤簿。供皇帝出行的仪仗队称为车驾卤簿。卤是橹、大盾的意思；簿即画册。按照皇帝出行的规格可分为大驾卤簿、法驾卤簿、小驾卤簿三种。皇后举行隆重仪式时的仪仗称为大驾卤簿。北宋《大驾卤簿图书》再现了宋朝皇帝出行时庄严壮观的场面。

卤簿简史

卤簿的意义和作用有五个：一是保障帝王及随员的安全，二是显示皇帝至高无上的权威，三是规范礼仪的等级，四是显示国家的综合实力，五是表达对自然神和祖先的虔诚。

卤簿的使用范围是祭祀、朝会、外出和行幸。魏、晋、唐、宋、元、明诸朝嗣君即位，虽仪式不尽一致，但有两点是共同的：一是祭告天地、宗社；二是乐器设而不奏。仪式隆重肃穆而无欢乐气氛，先是派遣官员代表嗣君祭告天地、宗庙和社稷，然后在宫内举行登基仪式。

当然，作为一种仪式，卤簿经历过一系列的变化和发展。清朝的卤簿仪制确立于乾隆十三年：将大驾卤簿更名为法驾卤

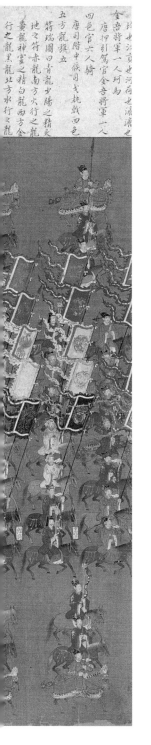

簿，行驾仪仗改为銮驾卤簿，行幸仪仗改为骑驾卤簿，合三者为大驾卤簿，又分为大驾卤簿、法驾卤簿、銮驾卤簿、骑驾卤簿四等。大驾卤簿用于郊祀祭天，法驾卤簿用于朝会和太庙祭祖，銮驾卤簿用于平时出入，骑驾卤簿用于行幸。至此，清朝卤簿形成定例。最大规模的大驾卤簿，主要由导驾、引驾、前后护卫、前后鼓吹乐队、皇帝大驾等组成。

卤簿制度经过中国封建社会两千多年的发展，日趋完备，在车驾、护卫的基础上还增加了仪仗（执举金瓜、宝顶、旗幡）和乐舞（音乐演奏、舞蹈表演）。用现代语言来描述卤簿的内容就是：国家领导人举行重大国事活动的典章制度，是集仪仗队、军乐团、舞蹈表演、车辆服务、交通安全、治安保卫等整体规模的制度，以国事活动的重要级别来区分不同等级。

卤簿的御车总称辂车。辂车又分大辂、玉辂、金辂、象辂、革辂、木辂。玉辂以玉装饰，金辂以金装饰，并因此得名。玉辂、金辂、象辂、革辂、木辂各有特色，称为天子五辂，十分豪华。

卤簿旗幡仪仗是烘托气氛、渲染环境的重要手段，它五彩缤纷，绚烂至极，是古代丰富文化内涵的全面展示。北宋《大驾卤簿图书》中的旗帜图案包罗万象：取材于祥瑞禽鸟的图案有仪凤、鸾、仙鹤、孔雀、黄鹄、白雉、赤鸟、化虫、振鹭、鸣鸢，取材于灵兽的图案有游麟、彩狮、白泽、角端、赤熊、黄熊、辟邪、犀牛、天马、天鹿，也有取材于四神（青龙、白虎、朱雀、玄武）和五岳等的图案。

整个仪仗队的组成除了帝后车辇之外，还有文武官员、各色随从、禁军护卫、乐队等，也有象、牛、马等动物。据统计，

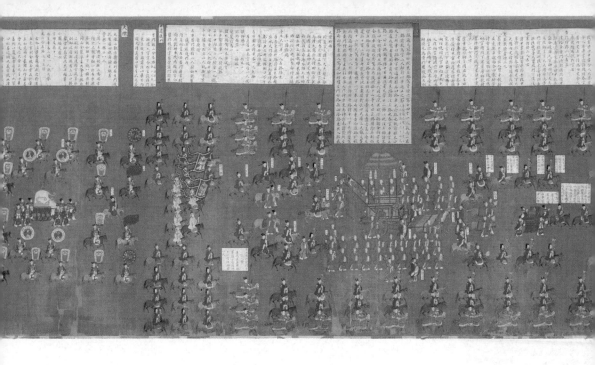

北宋《大驾卤簿图书》（局部）

纵 51.4 厘米
横 1481 厘米

北宋《大驾卤簿图书》共绘官兵 5481 人、车辇 61 乘、马 2873 匹、牛 36 头、象 6 头、乐器 1701 件、兵杖 1548 件，从中可以想象当时帝王出行时气势恢宏的场面。宋亡后，这幅图被藏于元朝大都（今北京），元朝皇帝的祭祀大典礼仪也参照此图举行。2008 年，北京奥运会开幕式展示了五幅最具代表性的中国画，其中之一就是《大驾卤簿图书》。

皇帝的仪仗队

中国礼乐制度有悠久的历史。礼乐和祭祀活动的关系极为密切，凡举行祭祀等"礼"时，必然要伴以歌舞，以音乐和舞蹈的方式与神鬼对话。宫廷乐舞是娱乐神鬼、人神沟通

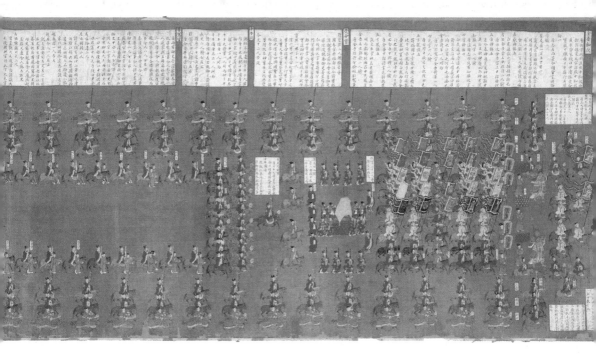

的重要手段，创作灵感源自原始宗教、农事、狩猎和征战等，用于祭祀等重大活动中。

卤簿的音乐和舞蹈是礼仪表演的重要组成部分，根据传统音律，使用传统乐器进行音乐演奏，风格隆重庄严。雅乐起源于周代的礼乐制度，周代的"六舞"被后世奉为雅乐典范，《诗经》中许多诗篇为周代雅乐歌词。宋代雅乐经过多次修改，到宋徽宗时颁布以《大晟乐》为雅乐，清代以《中和韶乐》为雅乐。

从汉代开始，皇帝的仪仗队车驾出行时以驯象为引导，让驯象走在最前面来开道。宋代史书记载，宋太祖时开始有专门的养象机构，即养象所。宋太祖设置养象所，以驯象为瑞兽，导引卤簿大驾，整个宋朝，驯象都被赋予了重要的政治意义。

節導贊導從宋齊與侍甲參典
詔命後周天官御伯下大夫
天政納言下大夫隋唐為黃
門侍郎龍朔改東臺侍郎武
太改鸞臺天寶侍郎後復
巳書侍郎二人在左
漢中書詔有丞郎晉改中
書侍郎後周春官內史下大
夫隋內史侍郎唐唐改東臺
加官階門下省置舍人隨事改號
侍晉階門下省領之後周為
益秦興車超初日散騎常
一醫伯奉納言出入集中禁中
左右散騎侍郎二人
秦漢散騎常侍出二人
常侍駕門下後壇置隸中書
文政納言隨政改侍內唐初為
納言次改侍中又改東臺左
相任後同天官御中大夫
相開元為黃門監後為左相

服通天冠絳紗袍束玉輅駕青騮六駕士四十一人誕馬二在
輅前教馬官二人卻行以告進止之節唐張衛志云十三分十四人
天子所乘日玉輅輅字古通用釋名曰路車也行路
輅慶民駕東夏鈞車商大路周東路鄭注玉路也春官巾車五
路一日玉輅錫樊纓十有再就建太常十二游以祀龍諸末
秦曰金根漢備五路為德東歷代因之陳用玳瑁鵰翅金飾赤烏
金鵬車後魏北齊駕五馬後周路十二等七日玉輅陰除其制惟
留五輅唐初著令玉輅青贇玉飾末重與黃屋左纛蓋三層左
建折十有二游大駕升車戰長木中央廣三尺戟文輦
兩階南向贊者二人外辦來出降階升路侍中以下奉迎
兩階南向贊者二人外辦來出降階升路侍中以中央侍駕於殿

养象所于北宋开国的第八年设立, 当时全国尚未统一, 作为我国古代亚洲象主要产地的岭南、云贵都不在宋王朝的掌握之中。此时宋太祖专门设置养象所, 还命人作礼乐之《驯象》篇: "嘉彼驯象, 来归帝乡。南州毓质, 中区效祥。仁格巨兽, 德柔遐荒。有感斯应, 神化无方。"南汉国不仅出产驯象, 且将之用于战争, 驯象可谓国兽。当然驯象不可能自来, 这可能是宋太祖君臣自导自演的一出历史活剧。但"驯象自来"作为祥瑞的征兆, 为即将到来的征伐战争带来良好的政治影响, 宣示了宋太祖一统岭南的决心。

除了真实的驯象作为卤簿导引外, 作为瑞征的驯象旗和象辂, 也常出现在宋代帝王卤簿中。宋朝会为死后的统治者制作文臣、武将、驯象等形象的石像石, 以守卫皇陵的尊严。北宋帝陵石像石中的驯象与驯象人, 在以前的帝王陵墓中没有出现过, 这显示了驯象在宋统治者生荣死哀的卤簿中的重要性。

莲花式温碗

> 汝瓷在古瓷收藏界极为珍贵，汝瓷釉层莹厚、造型素雅。天青釉色的灵感来源于雨后初晴、云破之处的一抹青色，具有"雨过天青云破处"的含蓄美。后来，人们把汝窑的颜色称为天青色，这是汝瓷最大的特点。造型自然流畅的莲花式温碗是汝瓷的代表。

珍贵的汝瓷

宋代是中国瓷器的鼎盛时代。宋瓷器形优雅、釉色纯净、图案清秀，无论从质量还是品种来说，宋瓷都是中国瓷器的代表。宋代五大名窑是汝窑、钧窑、官窑、定窑、哥窑，汝窑位居"五大名窑"之首。汝窑因地处汝州而得名，以生产青瓷著称。

汝瓷在古瓷收藏界极为珍贵，有"青瓷之首，汝窑为魁""纵有家产万贯，不如汝窑一件"的说法。汝窑瓷器对很多资深藏家来说，都是个传奇，因为它太稀有了。已知传世北宋汝瓷的种类有碗、盘、洗、碟、樽、瓶、盖托和盆等。

汝窑瓷器现存稀少，可能与汝窑烧造只有约20年时间有关。汝窑瓷器的烧造与书画皇帝宋徽宗有很大关系。宋徽宗在琴棋书画方面极有天赋，对瓷器鉴赏也很有造诣。我国台北故宫博物院藏有一幅《文会图》，描绘了宋代宫廷的一次茶会，宋徽宗正向受邀前来的文人展示各式各样的瓷器。据历史记载，

宋徽宗之所以让工匠烧造汝州青瓷，是因为他觉得"定州白瓷有芒不堪用"。芒就是"芒口"，是一种烧造的工艺缺陷，烧出来的瓷器口沿因没有釉，会露出胎骨，所以宋徽宗命令工匠改烧青瓷。"芒"指光芒，宋徽宗对清雅的青色情有独钟，他看不惯定窑白瓷的耀眼光芒，于是命令烧造青瓷。

莲花式温碗是宋代汝窑经典中的经典。它的外形好像一朵十瓣莲花，柔美绽放，线条灵动，恰到好处，釉色呈浅浅的天青色，清新淡雅，端庄静谧。

宋代汝窑具有"玛瑙入釉"的说法。从俯视角度观察莲花式温碗，在口沿棱角处隐约显现出一层淡淡的神秘的粉红色光，这种光是因为釉中加入了玛瑙的缘故，而这种神秘的浅粉红色光，使汝窑更加具有欣赏价值。莲花式温碗表面有许多裂纹，称为"开片"。胎土与釉料因膨胀系数不同，在烧制冷却过程中，因收缩率不一致而导致开片。古代学者将汝瓷上开片的纹理进行命名与归类，如蟹爪纹、冰裂纹、鱼鳞纹等，开片使人们对汝瓷的欣赏多了有趣的角度。

随着宋金交战，汝窑毁于战争，烧制汝瓷的技术从此失传。新中国成立后，依据周恩来总理"发掘祖国文化遗产、恢复汝窑生产"的指示，1957年，汝瓷厂郭遂师傅终于试制成功，生产出符合古代豆绿釉标准的汝瓷产品。1969年，汝瓷产品首次参加广州商品交易会，200多件产品被外商抢购一空，汝瓷声誉扬名海外。

汝瓷独特的烧制技艺

釉的发明是人类文明发展进程中引人注目的一项成果，我国瓷器则将这一技术演绎得淋漓尽致，创造了丰富多彩、优雅高贵的审美形式。

古瓷的釉色可分为三类。第一类，强调光泽的美感与色彩的灿烂，以低温铅釉为代表，由绿、黄、蓝几个主要原色组成。第二类，强调色泽上的强烈对比，是典型的釉色欣赏。第三类，单色釉，在色彩上讲究颜色的微妙变化，即通常所说的灰颜色。汝瓷是第三类釉色的杰出代表，它的釉色虽不是十分透明，但釉质饱满，汁水莹润，有似玉非玉的质感美。关于汝窑的釉色，有着"天青为贵、粉青为上、天蓝弥足珍贵"的说法。

为什么汝瓷颜色是青色？据说这是宋徽宗在梦中看到的颜色，醒来后立即命人烧造。这种无法言明的色彩是如何烧制出来的，至今无人能解。据现代科学实验可知，天青釉中含有少量铁，烧造时，青色的深浅随温度的高低而变化。天青釉料不含任何人工化学成分，全靠数十种天然石料中的微量元素成色。后世把汝窑的颜色称为天青色，这也是汝窑瓷器最大的特点。

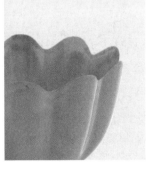

北宋时期的汝窑一般分为两类：一类是为宫廷烧制的御用品，被称为汝官窑；另一类是为民间烧制的民用瓷，被称为汝民窑。御用汝瓷的胎骨薄而坚硬，质细腻，呈浅灰、灰白和深灰三种颜色，或称香灰色。按照现代科学的说法，汝窑是"夹生"的，还没完全烧熟，烧汝窑的温度不能达到1300℃，达到1200℃以上就行。如果烧熟了，它的釉色就不漂亮了。汝窑的烧制繁杂且精细，需要经过淘泥、摞泥、拉坯、修坯、成型、素烧、上釉等工序。北宋汝州及周边区域有丰富的矿产资源，尤其铁资源丰富，易于开采，可为胎土、釉料供给来源，使选料、配方更加精良，为汝窑的产生和发展奠定了基础。

从北宋汝窑传世品中可以发现，汝官瓷很少用花纹装饰。从汝州清凉寺汝官窑烧造区发掘的瓷片中，可以看出御用汝瓷的装饰有刻、划、易、堆塑、模印等多种装饰方法，其中模印居多。汝民窑除重视釉色的滋润外，多用刻、印花卉的装饰方法。汝瓷器型较小，口径一般在10～16厘米之间，极少超过20厘米，超过30厘米的几乎没有，故有"汝窑无大器"之说。这也说明烧制汝瓷比较困难，古代有"十窑九不成"的说法。

北宋汝窑的窑炉都是馒头窑，窑室形态有马蹄形和椭圆形两种。窑炉结构根据燃料的不同也有所差异，以煤作为燃料的窑炉设有渣坑和通风道，便于煤的充分燃烧。窑内上下温差较大，产品的窑位不同，颜色就会不同，如炉内器物太大，同一产品上下成色也会不一致。汝窑烧造时采取"裹足支烧"的方法，就是用支钉把瓷器支起来，这样釉面就能把底座全部包起来（支钉多为单数——三个或五个，过大或过重的器物也不适宜支钉烧制）。所以，现在我们看到的汝瓷底部一般都有芝麻大小的支钉痕。

顽强抗金的中兴四将

《中兴四将图》

宋朝是一个"积贫积弱"的王朝。说它"积贫"是因为在国内，北宋土地兼并的现象非常严重，地主隐瞒土地，影响了国家的赋税收入。北宋重文轻武，起用大批文官，形成了庞大的官僚机构，使国家财政负担日益沉重。为了抵御少数民族侵犯，大量募兵，致使军费支出高涨。说它"积弱"是指军事力量比较弱、领土范围比较小，一直受北方少数民族（如辽、西夏、金）的威胁。

宋辽之战

在北宋之前，有一个朝代叫后唐，后唐有一个叫石敬瑭的节度使，他将幽云十六州（今北京、河北北部、山西北部地区）割让给辽。因为没有高山、长城这样的屏障，北宋的北境经常遭受辽的侵扰，所以宋朝只能在边界处密植树林作为界线，同时也用来抵御辽军的车马。宋朝的皇帝试图夺回幽云十六州，与辽多次开战，双方各有胜负。

辽圣宗和承天萧太后曾率领二十万大军亲征，直扑中原，想一举灭掉宋朝。当时很多大臣都劝宋真宗离开京城汴梁，到南方躲避。宰相寇准坚决反对，对皇帝说："陛下若离开京城，逃到南方，而士兵大多是北方人，家在京城，谁还肯为你效力？若皇帝亲征，我军士气肯定大增，一定能打败敌人。"最后，皇帝同意亲征澶州（今河南濮阳）。果然，宋军士气大振。在皇帝到达的前三天，辽军已经包围了澶州，并准备发动进攻，突袭城池。宋军击败了这次进攻，并将辽军主帅萧挞览射死，成功遏制住了辽军。辽决定撤军，并同意与宋谈和。这就是历史上有名的"澶渊之盟"。两国约定：宋朝每年给辽十万两白银、二十万匹绢，辽不再侵宋。此后，宋辽维持了较长时间的和平局面。

宋与西夏之战

盘踞在西北、由党项族建立的西夏政权对宋虎视眈眈，伺机发动战争。宋辽之战后的36年，西夏统治者元昊一举攻下宋朝西北边境的几个重镇，宋朝军民伤亡惨重。又过了五年，西夏军进攻渭州（今甘肃平凉），宋军将领韩琦命令军队绕至敌后，以截断敌军退路。宋军中了敌军的埋伏，元昊亲率十万大军，已经布下天罗地网等着他们。最后，宋军上万将士壮烈殉国。随着西夏军队的入侵，宋军损兵折将，失去了很多土地。

由于连年作战，原来西夏和宋朝的互市贸易也中断了，西夏的国力损耗很大。两国都认识到议和对双方都有利，于是，又过了两年，西夏和宋朝达成协议，史称"庆历和议"。该协议内容是：宋朝封元昊为西夏主，宋朝每年赐给西夏五万两白银、十三万匹绢、两万斤茶。同时，在边境设置榷场（贸易市场），恢复贸易往来。以后几十年间，双方在边境地区进行贸易，经济文化交流十分密切。

《中兴四将图》
纵26厘米
横90.4厘米

宋金之战

　　女真族建立的金在东北兴起，北宋当时正处于宋徽宗以及蔡京等人腐朽的统治时期。为了打败共同的敌人辽，金和宋联合夹击辽。金军很快夺取了辽的中京、西京等重要城市。而由宦官童贯率领的宋军因为一直以来懈于训练，被辽军打得落荒而逃。最后，金军在金太祖阿骨打的率领下一举攻克辽南京（即燕京，今北京）。由于宋未能履行之前的约定，金要求宋每年缴纳岁币五十万。而金则将从辽手中夺回来的燕云地区还给宋，而此时的燕京已是一座空城，城市的财物被金军劫掠一空，但宋朝君臣认为能收回燕云地区，完成了祖宗未完成的事业，已是莫大的荣耀，于是同意向金缴纳岁币。

1127年，宋徽宗、宋钦宗以及皇室宗族、大臣、妃嫔、宫女、百工等三千多人被掠去金国为奴，史称"靖康之耻"。至此，北宋灭亡。

北宋灭亡的这一年，赵构在南京应天府（今河南商丘）即位，南宋开始。但此时，来自金军的威胁并未解除，金军的南侵逼迫宋高宗一路南退。过了三年，金兵才开始撤兵北还，沿途烧杀抢掠，民不聊生。金兵南侵时遭到了宋军和各地农民抗金武装力量的阻击，贡献较大的就是被南宋王朝列入"中兴战功"的"中兴四将"：岳飞、张俊、韩世忠、刘光世。这些宋朝将领及其部下的顽强抵御，遏制住了金军大举进犯的势头，为南宋朝廷的生存赢得了时间。南宋人民非常喜悦，将中兴四将与金军交战取得的十三次胜利

顽强抗金的中兴四将——《中兴四将图》

會稽樓後小

張循王俊

韓蘄王世忠

038

称为"中兴十三处战功"。

在四将之中，岳飞比较年轻。北宋灭亡的前一年，20岁的岳飞响应抗金号召参军。岳飞作战勇敢，身先士卒。他领导的军队纪律严明，"冻死不拆屋，饿死不掳掠"，被民众亲切地称为"岳家军"，为宋朝收复大片失地，令金军闻风丧胆。过了八年，28岁的岳飞率军北上抗金，一举收复六州，名声大振。又过了六年，金军在宗弼的率领下再次南侵，岳飞带兵抵抗。在郾城与宗弼军队交锋。宗弼的军队是金军的精锐之师，他用"铁浮图"（人马俱披重型盔甲）为主力，正面进攻，左右翼又辅之以"拐子马"（宋人对金军主力两翼骑兵的称呼，高度机动灵活）。为了对付金军，岳飞首先派他的儿子岳云冲入敌阵，打乱敌人阵脚。又派出步兵用麻扎刀、大斧等上砍敌军、下砍马腿，使"拐子马"失去威力，杀伤了大量金兵，致使金军大败而归。岳飞乘胜追击金军，眼看就要到达东京附近，收复被金军占领的京城指日可待，却收到了皇帝要他退兵的十二道金牌，岳飞只得班师回朝。

虽然抗金形势好转，但宋高宗却只求与金议和，只想偏安一隅。奸臣秦桧以谋反之名，逮捕了岳飞的手下张宪，接着编造张宪供出岳飞要谋反的谎言，将岳飞、岳云父子投入大理寺狱，最后以"莫须有"的罪名将三人处死。秦桧希望通过岳飞的死来警告朝中那些反对议和的官员。最终，宋金达成协议，宋向金称臣，并割地赔款，形成长期对峙局面。

《成吉思汗像》

一代天骄长啥样

成吉思汗常年南征北战，生前没有留下画像。他的孙子忽必烈称帝后，尊爷爷为元太祖，忽必烈请宫廷画匠参照自己的相貌，再加上别人提供的印象，才完成成吉思汗的画像。这幅画像与成吉思汗暮年相貌相像，神情沉稳，体现了其博大、睿智的精神境界。

蒙古草原的统一

成吉思汗一生主要做了三件事：第一，统一了蒙古草原，缔造了蒙古民族；第二，基本上统一了中国北方，为孙子忽必烈统一中国打下了基础；第三，西征。千百年来，成吉思汗成为许多国家和人民崇拜的偶像，尤其是在蒙古大草原上。

13世纪以前的蒙古草原有很多部落，各部落长期处于分裂状态，经常发生战争，同时也受到女真族的侵袭。蒙古部是蒙古草原上众多部落中的一支，它的首领叫铁木真。他建立了一支强大的军队，不断发展壮大自己的力量。公元12世纪中后期，铁木真兼并了100多个蒙古部落，统一了蒙古草原，使蒙古草原完成了第一次真正的统一。

铁木真的属下对他说，现在称为古儿汗的各国君主都被您征服，他们的领土都归您统治，因此您也应该有普天下之汗的尊号。根据上天旨意，您的称号应为成吉思汗。成吉思，意思是强大无敌；汗，即可汗。1206年，铁木真在斡（wò）难河源称成吉思汗，建立蒙古汗国，使各部落生活在统一的蒙古国里。草原的人们往来交融，共同生活在一个大家庭里。各部落以蒙古部人为核心，逐渐融合为一个统一的民族共同体——蒙古族。

掠夺与征服

以成吉思汗为首的蒙古统治阶级，把掠夺和征服视为最光荣的事业。成吉思汗曾对为争夺继承权而争吵的儿子们说："天下土地宽广，河水众多，你们尽可以各自去扩大营盘，征服邦国。"他又训示部下："男子最大之乐事，在于压服乱众，战胜敌人，夺取其所有的一切，骑其骏马，纳其美貌之妻妾。"

强烈的掠夺欲望促使蒙古统治者不断进行对外战争，成吉思汗及其子孙通过扩张战争建立起横跨亚欧大陆的蒙古帝国。他们一共进行了三次西征，不到 100 万的蒙古人，却统治了 4000 万平方公里的陆地面积，占地球陆地表面积的近三分之一。

第一次西征，成吉思汗亲率蒙古 20 万大军，灭掉了中亚的回教大国花剌子模，主力一直打到今天的巴基斯坦。但那儿太热，成吉思汗只得班师回朝。成吉思汗死后，在 1240 年左右，他的长孙进行了第二次西征。蒙古人一直打到了多瑙河，占领了今波兰和匈牙利地区，直指维也纳。这次西征，蒙古人占领了半个欧洲，特别是俄国，被蒙古统治了 100 多年。第三次西征由旭烈兀指挥，部队一直打到西奈半岛，马上就要踏上炎热的非洲土地了。1258年，蒙古军队攻陷了巴格达，灭掉了当时已名存实亡的阿拉伯帝国。旭烈兀在西亚建立了他的伊儿汗国。

蒙古军攻城有个规矩，如果这座城市没抵抗就投降的话，破城后超过车轮高的男子一概杀死，妇女、儿童和工匠留做奴隶。如果这个城市胆敢抵抗，破城之后，鸡犬不留，夷为平地，播种

《成吉思汗像》
纵 58.3 厘米
横 40.8 厘米

牧草。因此，像玉龙杰赤、撒马尔罕这些古城就这样消失了。

成吉思汗创建的蒙古骑兵像强劲的旋风一样横扫欧亚大陆，他们纪律严苛，训练有素，武器装备精良。据史书记载，蒙古军用的弓箭是复合弓，而箭头也分为远射和近战等不同类型。士兵穿的战袍编织细密，箭头难以穿透。成吉思汗及其将领非常善于运用计谋和策略，设计灵活的战术及周密的情报系统，使得蒙古骑兵在南征北伐中几乎百战百胜。因此，后人称赞成吉思汗"深沉有大略，用兵如神"。

无人知道的墓地

1227年7月，在蒙古军队即将攻下西夏时，成吉思汗病逝，蒙古人密不发丧，成吉思汗的遗体被运回蒙古老家的起辇（niǎn）谷。如今，人们并不清楚这个地方在哪儿。因为当时队伍走了一条无人知道的路，沿途见一人杀一人。埋葬的地方不起坟头，万马踏平，播种牧草。内蒙古伊金霍洛旗的成陵是成吉思汗的衣冠冢（zhǒng）。

传说，成吉思汗留下了"四不遗言"：不允许为他写传记，不允许为他绘画像，不允许把他的名字刻在任何物体上，更不允许死了之后为他建陵墓。忽必烈称帝后，尊爷爷为元太祖，宫廷画匠参照他的相貌，再加上别人提供的印象，作了一些艺术和美化处理，绘出了成吉思汗的画像。1962年初，启功、史树青等专家对现存于中国国家博物馆的《成吉思汗像》进行了鉴定，从画材、墨色、人物形象、题鉴文字和用笔等方面进行考察后，一致断定这幅藏品是一幅元人作品，并认定"中国国家博物馆的《成吉思汗像》是世界上最早的、最真实的，是国家一级文物"。中国台北故宫博物院的《成吉思汗像》，其形象和服饰，与中国国家博物馆所藏的画像基本相同，但年代要晚一些，属于明代临摹品。

察合台汗国银币

千年银币穿越记

察合台汗国银币是察合台汗国的主要流通货币。银币品种繁多，按形制特点和铭文内容可以划分为40多个类型，制造年代在公元13世纪40年代至14世纪初，主要在新疆境内阿力麻里、喀什噶尔等地制造。

钱币背后的历史往事

大约七八百年前，成吉思汗完成霸业后，他给四个儿子分封了钦察、察合台、窝阔台、伊儿四大汗国。察合台汗国银币诞生在察合台汗国。成吉思汗次子察合台汗统治时期，察合台汗国的疆域包括两河(伊犁河、阿姆河)范围和新疆南疆的一部分，它的政治中心位于今天新疆霍城县的阿力麻里，这里也是察合台本人及家族常驻的消夏之地。西域以天山为界，分为南北两个区域。天山以南是农业区，天山以北和中亚大草原是游牧区，察合台汗将游牧部落与农业地区分开管理。

在天山以南农业区，可汗的旨意通过总督传达，总督再通过各地行政官吏施行于臣民。总督下设的行政官员是一批由家族传承的地方统治者，称为蔑力克。连汗国的首府——阿力麻里的地方行政权力，也是由蔑力克掌控的。各地的蔑力克差不多都用自己的名字铸造钱币。察合台汗国银币就是在这样的情况下诞生的。

察合台汗国铸造过金币、银币和铜币，但以铸造银币为主。

察合台汗国银币
纵径1.7厘米
横径1.6厘米
厚0.15厘米

察合台汗国有不少人信奉伊斯兰教，所以他们铸币的方法与传统的浇铸和镌刻法不同，而是采用流行于中亚地区的打印法。工匠先用打压的方法将银片做成无孔小圆钱，然后在钱币铭文中印上伊斯兰教义和《古兰经》中的词句，并印上铸地和回历年代。

最大的斡尔朵

察合台汗国没有统一的货币，许多主要城市都铸造有各自不同的银币，但无论哪个城市制造的钱币，在察合台汗国内都可以流通使用。目前人们发现的察合台汗国银币，根据钱币图框、花纹、铭文内容和字体特征来分，大致可分为40种类型。图中这枚察合台汗国银币是其中比较特别的一个类型，银币上的铭文中标有制造厂"最大的公正的斡尔朵"，但没有注明具体地点。"斡尔朵"是蒙古语，意思是宫殿。铭文文字刚劲、花纹美丽，结构紧凑，造型美观。这枚银币的制造年代为回历650～662年(1252～1264年)。正面文字为"安拉是唯一的"，背面文字为"最大的公正的斡尔朵"。

一枚察合台汗国银币肯定会在多个地区流通。察合台汗国的首府是阿力麻里城。熙熙攘攘的闹市中，在一片嘈杂声中可以隐约听到讨价还价的声音，一个商人把一匹上好的马卖给另一个商人后，察合台汗国银币就被带到了伊犁地区。

伊犁交通发达，商业繁荣，一点也不逊色于阿力麻里城。在这里，有很多不一样的察合台汗国银币。有的银钱中心有类似匕首或刀的简化图案。钱币上多有赞美安拉为"至尊"的经文。不过，更让人好奇的是，这些钱币铭文间还装饰着灵巧舒展的如意云纹、万字不断头纹、叶形纹等。原来，这是蒙古人带去的具有汉文化特征的纹饰，类似宋金瓷器和明清殿宇雕梁画栋上的纹饰。新疆地接西亚，沟通欧洲，处于中西交流的桥梁——丝绸之路上，因地理位置特殊，所以这里出现包含中西文化双重元素的钱币就不足为奇了。

千年的等待

1977年，昌吉古城的工人在进行基建施工时发现了1370枚银币。据专家研究，除1枚银币外，其他都是蒙元时期发行的。其中，察合台汗国银币占绝大多数，共有1366枚，另有1枚钦察汗国银币，1枚伊儿汗国银币，还有1枚银币国别不明。

专家通过考察钱币发现，虽然察合台汗国境内各地方制造的钱币不同，但是如果与其他汗国的钱币比较，察合台汗国银币有一些比较明显的共同特点：一是钱币铭文中都有《古兰经》语句或伊斯兰教义，二是花纹位于中心部位，三是钱币铭文中一般不见汗名。从银币上的花纹可以看出，汗国之间制造银币是相互影响的。

穿越了千年的时光，终于迎来了出土的一天，这些极其宝贵的古银币，为后人研究那个时期的历史、经济、文化提供了宝贵的史料证据。

一张特殊的心电图

《富春山居图》

《富春山居图》是元代著名画家黄公望的绝笔巨作，历时三年半完成。它以长卷的形式，用水墨技法描绘了浙江省富春江两岸初秋的秀丽景色。它最大的特色在于黄公望遵循道家的审美观念，创作上使用了他独创的虞山画派的浅绛法，单一着色，简洁清润。

元四家之首——黄公望

《富春山居图》的创作者是元四家之首的黄公望，黄公望、吴镇、倪瓒、王蒙合称元四家。

1269年，一个小男孩在江苏常熟一个姓陆的穷苦人家出生了，取名陆坚。没过多久，小陆坚的父亲去世了。7岁时，彪悍的蒙古骑兵践踏了他的家乡。之后，母亲带着7岁的小陆坚改嫁到一个无儿无女的富有的90岁黄姓老翁家。黄老翁一看见这个聪明伶俐的小孩儿，非常喜欢，不禁大喊："黄公望子久矣！"从此，陆坚改姓黄，名公望，字久矣。

小小年纪便经历了诸多变故的黄公望，从小就树立了远大的志向，他希望通过发奋读书，参加科举考试来改变自己的命运。然而，元朝初期取消了科举考试。想要入朝为官，须有人向政府部门推荐才行。读书人的科举之路被断送后，大多数人开始从事商业、手工业等。因此，元朝手工业非常兴盛，技术

工种也多了很多。

生不逢时，命途多舛

元朝的民族歧视很严重，当政者把人分为四等：第一等是蒙古人，地位最高；第二等是色目人（西北地区各族以及中亚、东欧人）；第三等是汉人，指原来金统治区的汉人、契丹人和女真人等；第四等是南人，指原来南宋统治区的汉人和其他各族人。这使得很多像黄公望这样原南宋统治下的汉族读书人很少有入仕的机会。

黄公望聪明过人，通过十年的努力，做了书吏——浙江宪吏，这是一个协助浙西廉访司管文书的工作。过了几年，踏实勤恳的黄公望又被推荐到大都，成为御史台下的察院书吏。

就在他以为可以实现自己的理想时，一场意外再次让他滑落到人生低谷。他的上司章闾是个大贪官，黄公望受他牵连入狱，长达十年。就在黄公望入狱的那一年，元朝恢复了科举考试。因此，黄公望失去了通过科举考试选士的机会。

出狱后的黄公望长期浪迹山川，在荒滩、树林、山石周围观察一年四季、朝暮变幻的奇丽景色。有时，终日在山中静坐，废寝忘食，达到了如痴如醉的地步，甚至在暴风雨中观察树枝的摇曳以及河浪的奔涌。外出时，他随身带着皮囊，里面装有纸笔，看到值得记录的，赶紧拿出笔来画，人们因此叫他大痴，黄公望干脆自号大痴道人。

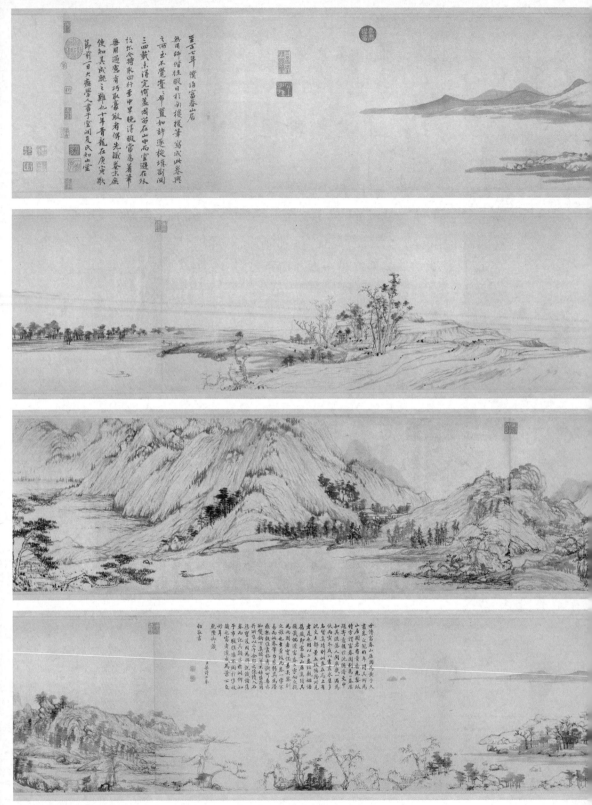

一张特殊的心电图——《富春山居图》

《富春山居图》（局部）

《剩山图》
纵31.8厘米
横51.4厘米

《无用师卷》
纵33厘米
横636.9厘米

灵魂画师的《富春山居图》

坎坷的命运和日后的修行，让黄公望对人生的思考越来越深刻，他把这些思考渐渐融入绘画中，绘画水平不断提升，传世之作《富春山居图》就是在这样的背景下创作而成的。

79岁的黄公望要送给师弟无用大师一幅画，他决定描绘富春江（在今浙江省境内）。为了再现富春山的美景，他跑遍了富春江两岸，历时三年半，直到82岁才完成这幅被后人称为中华山水第一神卷的《富春山居图》。《富春山居图》长卷一问世就声名大赫，它成了黄公望大师的巅峰之作，历代书画家、鉴赏家、收藏家和帝王权贵，都以目睹此真迹为荣。

现在就让我们做个画中人，坐一叶扁舟出发吧！从右往左走，能看到山峰起伏，林峦蜿蜒，云烟缥缈，水波村舍，江边渔舟，草木疏密，小桥亭台。此时，停下脚步，慢慢欣赏富春

山一带初秋时节的迷人景色。山峦间树木葱郁，村舍茅屋里的人们正在忙碌。江水茫茫，沙渚悠远，江水如镜，水天一色，境界开阔辽远，富春江一带美丽的风光是多么令人心醉神往。

《富春山居图》主要由三组群山组成，群山慢慢由近推远。最远处那一组，出现一个近景的山峰，它很像五线谱上的休止符。在休止符之后，是延伸的沙滩，又像是一首乐曲的余音。黄公望懂音律，又懂散曲。他把对音乐的认识和理解运用到绘画布局上，使整幅画充满了乐感，让人心随画动，心为画醉。

有人将《富春山居图》做了一个比喻，说它看起来像黄公望晚年的心电图。如果你打开这幅画，将它完整地铺在展台上，从右往左徐徐移动，观赏它，你会发现，这张"心电图"就像黄公望起起伏伏的人生经历一样。画面最后部分延伸的沙滩和平静的江面，正如黄公望晚年舒展、平和、自然的心态。虽然《富春山居图》用的是一种颜色——墨色，但你会感觉到不同的人生色彩、不同心态的变化。

人生的坎坷起伏，并没有使黄公望失去对生命的热爱，晚年的他怀着平和、潇洒的心态，回到大自然中，寄情山水，与山川江河为伍，通过绘画作品来延展他的生命。

黄公望的画不但技艺精湛，更重要的是每一幅画都充满了令人沉思的意蕴，他也因此被誉为自然山水的"灵魂画师"。他画风简洁，单一着色，开创了中国山水画的新风貌，他也因此被后人尊称为"百代之师"。

⑪

磁州窑白釉黑花婴戏图瓷罐

磁州窑白釉黑花婴戏图瓷罐是在一艘元代沉船中打捞出来的文物精品。此罐造型端庄浑厚，上腹鼓，下腹斜收。瓷罐的肩部绘有缠枝菊花，腹部在白底上用黑色描绘出主体图案。主体图案的一面是一个穿着肚兜的婴孩和花卉，小孩儿娇憨可爱，表情生动，手拿一枝花站立在花丛中，好像正在与花嬉戏。主体图案的另一面是盛开的荷花，花叶肥大饱满，有的已经结出了莲蓬。

海底打捞的出土文物

1991年7月，辽宁省绥中县大南铺村的渔民在三道岗海域捕鱼收网时，发现了大量的古老瓷器，共有584件，包括盘、罐、碗、碟等，种类丰富。大件器物端庄豪放，小件器物精巧别致，它们既美观又实用。考古专家推断这一地区很可能有古代沉船。1991年9月，中国国家博物馆水下考古中心的专业人员通过在三道岗海域进行水下考古勘测，发现了一艘古代沉船，大量的瓷器、铁器摆放在船里。专家初步判断这是一艘元代商船，船上装载的是磁州窑瓷器和铁器等大宗货物。

考古专家会告诉你，从装有磁州窑白釉黑花婴戏图瓷罐的元代沉船位置看，这艘中国商船可能是在辽宁一带装载了瓷器等货物，准备经海上丝绸之路到海外进行货物贸易。但离岸后不久遇到了恶劣天气，风浪太大，意外沉没了。漂洋过海的磁州窑白釉

磁州窑白釉黑花婴戏图瓷罐

高 30 厘米
口径 18.5 厘米
腹径 31 厘米
足径 12 厘米

黑花婴戏图瓷罐，是一件会"说话"的文物，它向我们展示了元代海运的繁盛和中国陶瓷的神奇魅力。

磁州窑以生产白釉黑彩瓷器著称，以产罐、盘、碗、瓶为主，又有瓷枕和小型玩具等。其装饰图案黑白对比强烈，采用绘花、划花、剔花等手法，开创了中国瓷器绘画装饰的新途径，图案大多为婴戏、禽鱼、龙凤、水波、卷叶以及花卉等动植物、人物故事，纹样简洁粗犷，极富民间情调。

元朝的工商业与海外贸易

元世祖忽必烈统一全国后推行了一些利国利民的政策，使元朝成为我国历史上经济繁荣、文化发达、商贸活跃的朝代。

"南有景德，北有彭城（磁州窑所在地）"，江西景德镇设有浮梁瓷局，这是元朝为了加强对陶瓷业的管理而在江西景德镇设立的机构，专门管理制瓷事务。浮梁瓷局是历史上第一个在景德镇设立的督陶机构。

元代国内外贸易都非常活跃，商业的繁荣程度居世界领先地位。当时北方最大的商业城市是大都(今北京)，南方最大的商业城市是杭州。

元朝非常重视海外贸易，一艘艘满载瓷器、丝绸、茶叶和铜铁器等货物的商船驶向日本、朝鲜、东南亚、印度、波斯湾以及非洲各地。其中，瓷器往往是最大宗的出口产品，从海外进口回来的有香料、各类宝物、布匹等货物。1293年，元政府在东南沿海对外贸易港口设立了泉州、上海、澉浦(今浙江海盐县)、温州、广州、杭州、庆元(今宁波)等七个管理海外贸易的机构——市舶司，负责组织、管理中外商旅的进出口贸易，兼任某些外事接待任务。最大的海外贸易中心在泉州，当地百姓修船造船，海运业十分发达。在这里，你可以看到忙碌的元朝人、阿拉伯人、东南亚人、印度人……南北运河的开通、陆地交通的发达、联结中西方的海上丝绸之路往来等，使元代形成了中西畅通、南来北往、货畅其流的商业繁忙景象。商潮的涌动，极大地刺激了陶瓷产业，磁州窑的产品源源不断地销往海内外。

元朝军事的强盛、疆域的扩大，对元朝海外贸易的发展非常有利。同时，在对外交往中，元世祖忽必烈提出了"四海为家""通问结好""一视同仁"这样积极主动的外交方针，保证了元朝与欧洲、亚洲、非洲各国的商贸活动。他不仅向邻近的日本、高句丽、安南、缅甸等国派遣使节，而且主动向遥远的欧洲罗马教廷派出使臣，写信给教皇，从而建立了联系。忽必烈之后的元朝，海路贸易逐渐占据贸易的主要地位。与元代有海外贸易关系的国家和地区有140多个。

12

元青花四爱图梅瓶

竖排标题：元青花开启的世界瓷文明

> 2006年，元青花四爱图梅瓶出土于湖北省钟祥市郢靖王墓。梅瓶的纹饰分为上中下三部分，中部有四个海棠形开光，在四个海棠形开光内分别绘有"王羲之爱兰图""周敦颐爱莲图""陶渊明爱菊图""林和靖爱梅鹤图"。

元青花的魅力

蒙古苍狼白鹿的传说使得大量蓝、白两色的工艺品在元朝盛行。青花瓷出现于唐代，盛于元朝。

景德镇元代青花制瓷技术的出现，在世界陶瓷史上具有划时代的意义，绘满蓝色纹样、蓝白相间的青花瓷取代了纯净单一的青瓷，成为世界陶瓷生产的主流。从此，陶瓷史上出现了一个分期，元以前是单色瓷时代，元以后进入了彩瓷时代。元青花瓷家族被称为彩瓷装饰的典范，为明清五彩瓷、粉彩瓷的繁荣奠定了基础。

与蒙古族豪放的民族特性相匹配的元青花瓷器型较大，因此，与以往秀气的中国瓷器相比，元青花瓷显得粗犷大气。元青花瓷中的高足器是为了服务于游牧民族席地而坐的生活习惯而设计的，扁身瓶是为了携带方便而制作的，四系或多系的青花瓷器型是为了方便迁徙时的捆绑而烧制的。总之，元青花瓷的颜色、器型与蒙古族的民族特性密切相关。常见的元青花瓷装饰带是九层，不是七层，因为蒙古族恶七重九。

元青花四爱图梅瓶

高38.7厘米

口径6.4厘米

底径13厘米

元青花的魅力

青花云龙纹玉壶春瓷瓶

元青花瓷器上的纹饰种类繁多。植物纹饰有松、竹、梅、牡丹、莲花、兰、葫芦等。动物纹饰有龙、凤、鹤、鸳鸯、孔雀等。杂宝纹饰有火珠、犀角、古钱、珊瑚、绣球等。其他纹饰有卷草、回纹、龟背、球纹、水波、浪涛、如意、云纹、火焰等。这些纹饰显示了蒙古人热爱自然、与自然和谐相处的美好心灵，体现了蒙古人崇尚勇敢、阳刚博大的精神。

元青花瓷器上的人物纹饰的主题大致分为两类：一种是元杂剧故事图案，如萧何月下追韩信、昭君出塞、桃园结义等；另一种是高士图或仙人图，描绘山林里的隐逸生活，如四爱图等。元朝老百姓因元杂剧而对这些故事耳熟能详。

元青花瓷"四爱图梅瓶"腹部描绘有人物故事图，这是比较少见的。梅瓶的"王羲之爱兰图"中，在一棵梧桐树下，王羲之盘腿席地而坐，袒胸露腹，体形肥胖，左手抬起，正指向前方一盆盛开的兰花，好像在赞美这花中君子。一名书童手捧书卷，侍立在他的身后。梅瓶的"周敦颐爱莲图"中，周敦颐头戴冠帽，身穿宽大的长袍，手执拂尘，站在莲池边，正聚精会神地欣赏着池中莲花。池塘中花叶茂密，花瓣簇拥花蕊，层层叠叠。他身后紧跟着的书童身穿花衣，用手臂夹着长方形木琴，似乎正随着主人到池塘边抚琴赏莲，别有一番意境。梅瓶的"陶渊明爱菊图"中，背景有一棵柳树和一些山石，陶渊明走在庭院中，手持一根螺旋状杖首的长杖，身穿花衣长袍，身后的书童手捧一个类似玉壶春瓶的器物，瓶中插一束菊花，陶渊明正在回头观赏菊花。梅瓶的"林和靖爱梅鹤图"中，林和靖坐在一块大石之上，头戴圆帽，穿一身宽大的长袍，右手执一根长杖。他正凝视着面

前这只曲颈回首、展翅起舞的仙鹤。林和靖头上方的梅花垂旋，含苞待放。

文明的使者

元朝是中国历史上继唐以后又一个开放的朝代，蒙古、伊斯兰、高句丽等多文化融合交流，佛教、道教、基督教、伊斯兰教等多宗教并存，游牧文化、农耕文化、阿拉伯文化、地中海文化等碰撞融汇。在这样的背景下产生的元青花瓷，自然具有十分丰富的文化内涵。

从世界范围来看，宋元时期的陶瓷是中国对外贸易的大宗商品，精美的陶瓷源源不断地流向世界各地，同时也带去了悠久、灿烂的华夏文明，各国人民在欣赏青花瓷的同时，也接受了以青花瓷为载体的中国文化。14世纪以后，在中国青花瓷的影响下，伊朗开始生产白底蓝彩陶器，装饰纹样也是具有中国特色的云龙、花鸟、山水、楼阁等题材。此后，朝鲜、越南、日本也先后烧制出带有中国青花瓷韵味的青花器。

毫不谦虚地说，青花瓷自14世纪以来就深受国内外欢迎，是沿袭时间最久、产量最大、最具中国风格的瓷器品种，是中国瓷器走向世界的文明使者。

13

郑和铸铜钟

郑和铸铜钟距今约六百年。人们创造它，是为了祈求老天爷佑护郑和第七次远航平安。尽管岁月早已氧化了它的外表，但铜钟上的铭文记录了郑和七下西洋的壮举。这种友好的外交互动，让四方来朝，共享大明盛世，进而威德四方。

航海家的行程

明朝的开国皇帝是朱元璋。像之前的所有开国皇帝一样，朱元璋也希望自己建立的王朝能够永远繁盛下去。只可惜孙子远不如祖父能干。建文帝有二十多个叔叔，他们都虎视眈眈地盯着皇位。其中最有才智和野心的是燕王朱棣，他不甘心被这个平庸又鲁莽的侄子摆布，以清君侧的名义公然出兵讨伐，攻打都城应天府（南京）。燕王一战定江山，取代建文帝成为皇帝。但是在夺权过程中，建文帝却失踪了。成祖朱棣怀疑他逃到了海外，于是派遣了大批人追到海外。有一种说法，郑和七下西洋是为了找到建文帝。

伟大的航海家郑和

郑和是云南人，姓马，名和，小名叫三宝，回族人。因为他曾经立下赫赫战功，被明成祖赐姓郑，以纪念战功，史称郑和。从明成祖永乐三年（1405年）起，他前后七次奉命率领庞大的

郑和铸铜钟
通高83厘米
口径49厘米
厚2厘米
重77千克

"宝船"队伍出使西洋。

明朝时，西洋范围很宽广，它以现今苏门答腊岛西北角为起点，向西囊括印度洋、阿拉伯海、大西洋和太平洋等区域。郑和在七次航海活动中，先后到达了越南、柬埔寨、泰国、马六甲、马来西亚、印度尼西亚、斯里兰卡、马尔代夫、伊朗波斯湾、索马里、肯尼亚和沙特阿拉伯的麦加等30多个国家和地区。郑和带领着他的船队，最远一直航行到非洲东岸才折返回航。

大海令人神往，平静时碧波万里，涌动时惊涛骇浪。要在茫茫大海上前行，需要很大的勇气才可以抵御一次次风浪的洗礼。伟大的郑和并不是一个人在战斗。每次出航，郑和统领的军士、水手有两万余人，他们分别乘坐60多艘"宝船"，其中最大的"宝船"将近150米长、60米宽，9桅12帆，可以容纳1000多人。

世界航海史上的壮举

中国是世界上最早发明罗盘的国家。远洋航行时，罗盘可以帮助航海家判断方向。正是有了罗盘，郑和的这些"宝船"才可以昼夜行驶。郑和的航海壮举，比发现美洲的航海家哥伦布要早七八十年，比绕过非洲南段好望角的达·迦马要早93年，比麦哲伦绕着地球大半圈抵达菲律宾要早116年。

欧洲航海家发现了这些新航线之后，为了自己的利益，就开始了赤裸裸的殖民与掠夺。在这个过程中，他们屠杀了很多土著居民并占领了很多土地。那么，郑和下西洋做了什么事情呢？"宝船"运载的主要物资是用于消费的钱粮，而真正用于货物交易的商品，比如瓷器、丝绸、金银、钢铁等其实只是少量。因此，郑和下西洋，并不像欧洲航海家的航海探险那样，以获取财富为主要目的。郑和七下西洋，说明了明成祖时期开放的外交态度。明成祖希望通过这样一种友好的外交互动，让四方来朝，共享大明盛世，进而广布威德。

可惜，历史的遗憾在于郑和之后再无郑和。郑和七下西洋确实是世界航海史上的壮举，提高了当时中国在国际上的威望，促进了中国与其他各国经济与文化的友好交流。郑和去世后，国家经济不济，朝臣群起反对，下西洋活动再也没有被提起，大明王朝与西洋各国的关系也日渐疏远，中国国内造船业逐渐萎缩，海上力量急剧减弱。郑和下西洋之后不到百年，西方大航海时代来临。

14

《宪宗元宵行乐图卷》

元宵节怎么过？

明代的第八位皇帝明宪宗朱见深，特别喜欢绘画，尤其喜欢让画师将他的生活描绘出来。1485年，元宵节这天，宫廷画师从早到晚都跟随在宪宗皇帝左右，将各种热闹场面如实地记录下来。《宪宗元宵行乐图卷》是明代风俗画的代表作，涵盖了三个时空场景，每个场景中都有宪宗皇帝。宪宗穿着不同的盛装，或站或坐，表情安详，欣赏着元宵节的各种活动。

喜欢入画的皇帝明宪宗

元宵节又名上元节、灯节等，是中国最为古老的节日之一。汉朝时，元宵节只放假一天；隋炀帝特别喜欢热闹，他就在正月十五日这天，首次召集艺人进行百戏表演，开启了元宵节行乐的习俗；唐朝时，元宵节放假三天；到了北宋，假期增至五天；明朝时，元宵节假期多达十天。元宵节赏灯，已成为明代上自帝王百官、下至商贾士民倾城而出的全民活动。

1966年，江苏省苏州市虎丘乡新庄王锡爵墓有重大考古发现，经专家考证，这是一幅表现明朝宪宗皇帝过元宵节的行乐图，故命名为《宪宗元宵行乐图卷》。

为了过好元宵节，明朝还特别规定，从正月初八上灯到正月十七落灯，要一连张灯十夜。这是中国历史上最长的灯节。各地官吏纷纷向皇宫进奉特制的灯饰，各种花灯的设计精美绝伦，让人眼花缭乱。正月十五元宵节，更是把赏灯的气氛推向高潮。

　　相传，在元宵节这天还发生了这样一件事。明宪宗是一位喜欢追求新鲜刺激的皇帝，杂技、戏曲、赏灯场面虽然热闹，可是在皇宫里却也司空见惯，所以宪宗觉得不够过瘾。他不满地说："元宵节年年如此，未见什么特别。"这时，一位大臣上前回话："皇上莫急，肯定有惊喜。"果然，前面不远处传来了一阵阵欢声笑语，宪宗快走几步，见台下有不少货郎高声叫卖，人潮涌动，热闹非凡。原来，为了取悦皇帝，大臣们特意将民间的街市情景搬到宫中，见惯了宫廷盛景的宪宗皇帝见到民间街头场景，觉得新奇好玩，对大臣大加封赏。宪宗皇帝觉得这也具有"与民同乐"的象征，当下命令宫廷画师用大量篇幅将这一场景描绘记录下来。

　　这幅画涵盖了三个时空场景，每个场景里都有宪宗皇帝。根据中国传统绘画从右至左的观看方式，场景依次是：宪宗观看烟花、宪宗观看货郎与走会、宪宗观看百戏，宪宗穿着不同的盛装、或站或坐，表情安详，欣赏着元宵节的各种活动。该画构图

《宪宗元宵行乐图卷》（局部）

纵37厘米

横624厘米

严谨，笔法细腻，画面上的宫廷巍峨壮观，各种人物情态、动作细致入微，繁而不杂，多而不乱。

传统中国节日中，元宵节是中国人的狂欢节。元宵庆祝活动循着热闹而展开，人群、声音、表演活动共同构筑而成的热闹，是中国人对充实祥和、五彩缤纷、欢快愉悦的理想生活的投射。同样，在这样热闹的元宵节行乐图卷里，展现的正是明宪宗和明朝国人的理想生活。

土木堡之变

明英宗时期，蒙古部落里有个瓦剌部族，在首领也先的带领下，成为蒙古最强大的力量。也先并没有他的先祖那样的野心，只想着和明朝各取所需，互惠互利。可是明朝出尔反尔，把本来

允诺也先的婚事擅自退婚了。也先觉得这是奇耻大辱，誓要报仇
雪恨。久未上战场的明朝军队接连吃了几场败仗后，明英宗慌
了，他偏听亲信太监王振的建议，不顾朝臣上下反对，集合五十
万兵马，亲赴沙场。结果这支虽然庞大但缺乏作战经验的队伍行
进到土木堡时，被等候多时的瓦剌军队包围痛击，明英宗被瓦剌
军活捉，史称"土木堡之变"。

土木堡之变后，明朝的大功臣于谦受命于危难之际，经过数
次与瓦剌军的激战，得以保全明朝都城，让被俘的明英宗归来。
可是，英宗在成功复辟后，反而杀害了保卫社稷的功臣于谦。至
今人们还传颂着于谦写的《石灰吟》："千锤万凿出深山，烈火焚
烧若等闲。粉骨碎身浑不怕，要留清白在人间。"明朝自此由盛
转衰。继任者明宪宗并没有吸取父王的教训，而是沉湎于声色犬
马，钟情于绘画、道教，致使朝政一片昏暗。

意韵悠悠在童年

成化款斗彩婴戏图杯

婴戏图与瓷器的结合，是爱与美的有机结合。在我国古代美术绘画中，以儿童为绘画题材的作品被称为"婴戏图"或"货郎图"。成化斗彩瓷器上的图案描绘生活细节，反映了人们熟悉的生活场景，如四季瑞果、婴戏、子母鸡等，生活中的真实场景体现在小巧雅致的器物上，生活的雅趣与文人的风雅巧妙结合，反映了当时人们的审美情趣。

古代儿童画的杰作——婴戏图

古代8岁至13岁的儿童，要把垂发分成左右两部分，在头顶各结成一个髻，形状如角，称为总角。古代女子一般到15岁以后，就把头发盘起来，并用簪子绾住，表示已经成年，称为及笄。古代男子15岁束发而冠，把原先的总角解散，扎成一束，盘在头顶，但并未成年。男子到20岁时，行加冠礼，表示已成年。

有大量古典诗歌描绘了儿童生活和儿童形象，他们童心可掬、童趣盎然，再现了孩子们的纯真与好奇，以及充满奇思妙想的独特世界。但很多时候，语言的表达是有限的，对于语言难以描绘出的情景、氛围、情感等，绘画正好可以表现。

在我国古代美术绘画中，以儿童为绘画题材的作品被称为"婴戏图"或"货郎图"。它萌芽于战国，盛行于宋元明清，大量存在于玉器、漆器、陶瓷和织绣等工艺品中。婴戏图是陶瓷人物绘画的传统题材。目前可知的是，它最早出现于1000多年前的唐代，到宋代迎来繁荣发展的高峰期。至明清两代，婴戏图已经广泛流传，不仅数量多，题材也层出不穷。婴戏纹图案题材中常见的有戏莲、蹴鞠、放风筝、捉迷藏、斗蟋蟀、玩花灯、习武、对弈等。画面中的儿童生动活泼、稚趣可爱。

成化斗彩

斗彩是以釉下青花和釉上色彩相结合的一种彩瓷装饰工艺。关于成化斗彩的造型，历来有"成化斗彩无大器"的说法，主要器型有杯、罐、碗、盘、瓶、盒、碟等，小巧玲珑，清新雅致，造型端庄圆润，轮廓柔韧安稳，线条直中隐曲，曲中现直。怎样才能烧制出如此精美绝伦的瓷器呢？首先，用青花料在瓷器的坯上描出图案的轮廓线，根据需要来描绘布局，画成物半体，然后上釉高温烧成青花瓷器；之后运用填彩、点彩、覆彩、染彩、青花加彩的装饰技法在釉上描绘出彩料，凑成全体；最后低温烧造而成。这就是釉下青花与釉上色彩相结合的装饰工艺。斗彩的每一个制作环节都要特别小心谨慎，最后才能成就精品。这样制作出来的瓷器胎质洁白细腻、表里如一、胎体轻薄、釉色柔和莹润、小巧雅致、拙朴柔韧、清秀隽美、恬淡可人，玩赏性大于实用性。

不同时期瓷器的流行样式与当朝皇帝的喜好息息相关。永乐帝喜欢洁素的白瓷，永乐时期便出现大量甜白瓷。嘉靖皇帝喜用八仙、云鹤等图案的瓷器。成化时期出现品质极优的小件斗彩瓷器，与成化帝本人的喜好密切相关。

成化帝好艺术，擅长丹青，涉猎山水、花鸟、人物等门

成化款斗彩婴戏图杯

高4.8厘米

口径6厘米

足径2.7厘米

类，水平也在"能妙之间"。成化斗彩画意高雅，彩饰精美，恰恰反映出成化帝的素养和审美。成化斗彩讲究线条美，器型多为小件、用途多作观赏和把玩，其艺术水准达到了历代高峰。

斗彩瓷的发展除了依靠成化帝的支持外，也离不开明代文人书画艺术的影响。明代中期，江南苏州地区有一个"吴门画派"，他们在山水、花鸟、人物等方面都有较高的成就。这些文人书画影响了斗彩瓷器，成化瓷器上出现了"芳草斗鸡""人物莲子"等图案。

明代景德镇瓷器占领了国内日用瓷的市场，茶、酒饮具层出不穷，以满足社会上各种大宴小聚的需要。多种色彩的瓷器，配合色香味俱全的山珍海味，形成了中国亮丽多彩的美食文化。

艺术品除了给人以视觉美之外，还能让人沉思。成化斗彩瓷器以其浓厚的自然韵味为人称道，图案内容大多取材于自然事物，如花鸟虫鱼、果树草竹、落花流水等。在瓷器创作中，工匠将当时画坛流行的写生方法运用在瓷器制作上，运用丰富的色彩反映大自然自在的状态，写意的自然与写实的自然完美结合，给人以清新恬淡的自然美。成化斗彩瓷器整体精巧雅致，设色精当巧妙，在画面构图上追求意境，反映自然与生活，却不流于尘俗，天然而不造作，虚实之间安之若素，意境幽远宁静。

16

《抗倭图卷》

戚继光的戚家军让倭寇闻风丧胆，最终消灭了倭寇。戚家军能所向披靡，与内阁首辅张居正强有力的支持分不开。张居正是明朝非常了不起的大臣，也是神宗皇帝的老师。可是神宗皇帝却是一个懒惰、不思进取的坏学生。张居正生前，神宗皇帝对他的教导充耳不闻，阳奉阴违；张居正死后，神宗皇帝取消了他的官爵。

戚继光抗倭

明成祖时期，中日两国开启了不等价的朝贡贸易。日本以朝贡的名义把产品进贡给明朝皇帝，明朝接受这些贡品后，为了体现"大国威仪"，会回赠对方几倍甚至几十倍的物品，还允许日本商人来中国从商。对日本而言，朝贡贸易是一本万利的商业行为。伴随着朝贡贸易，大量日本商人漂洋过海来中国做生意。日本好勇斗狠的武士和四处流浪的人也逐渐混入中国，靠抢劫为生。后来，日本商人和海盗勾结起来，组成武装船队，沿海百姓把这群人称为"倭寇"。明朝的海防力量相对强大，日本政府也害怕倭寇会影响朝贡贸易，双方对倭寇进行了多次打击，早期的倭寇危害不是特别严重。

明世宗继位后，实行严厉的海禁，一大批靠海上贸易为生的商人断了生计，一些没有操守的中国人暗中与倭寇勾结，里应外

合，大肆抢夺，所到之处，一片狼藉。东南沿海本来是中国最富饶的地区，因为倭寇的侵扰，再加上地方吏治的腐败，经济凋敝，人民生活苦不堪言。而皇帝明世宗只想着自己长生不老，成为神仙，对倭寇之乱并不关心。

在中国古代，有两支用主将姓氏命名的无敌军队，一支是南宋初年岳飞的岳家军，另一支是戚继光的戚家军。戚继光召集了毫无战斗经验的三千民兵，严格训练了短短几个月，就打造出一支英勇善战的精锐部队。戚家军自组建后屡战屡胜，从浙江打到福建，又打到塞北。最终，戚家军消灭了倭寇。

收藏在中国国家博物馆的《抗倭图卷》生动地再现了戚家军的神勇风采。图卷描绘了当时倭寇的形象：赤脚、单衣、腰挎倭刀、月代式发型。画面内容依次分为四部分，分别是倭寇入侵、百姓避难、水面交战与献俘报捷。画面细节准确翔实，如对水的描绘，海水、湖水和河水分别用了三种不同画法来表现：海水用的是起伏很大的曲线，湖水微波如鱼鳞，河水是形状更小的鱼鳞状波纹。倭寇的兵器主要是倭刀和大弓。倭刀身窄刃利，大弓如长枪。明军战船使用了火器，其中包括一门设在船头的火炮。

戚家军兵精将猛，屡胜强敌，得到了当时内阁首辅张居正强有力的支持。张居正特别关照戚家军，戚家军的粮饷永远是重点保障对象；凡是与戚继光捣乱的人一律调开；张居正的大门也始终对戚继光敞开，即使夜再深，也没一个护卫敢阻拦传送书函的戚家军将士。

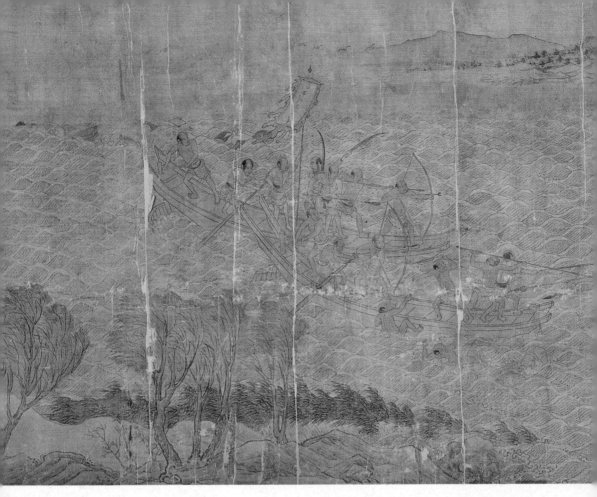

《抗倭图卷》（局部）
纵31.1厘米
横572.7厘米

张居正改革

　　张居正主导进行了大刀阔斧的改革，史称张居正改革，这次改革带来了经济的发展和社会的相对稳定。

　　张居正的治国方法是知人善用，找合适的人，做合适的事。他清楚官员在国家治理方面的重要性，就实行严格的官吏考核考察制度，给官员打分数，不及格、平庸无能的官员被裁撤，得分高、有能力的官员被奖赏。他明白，国家要想长治久安，离不

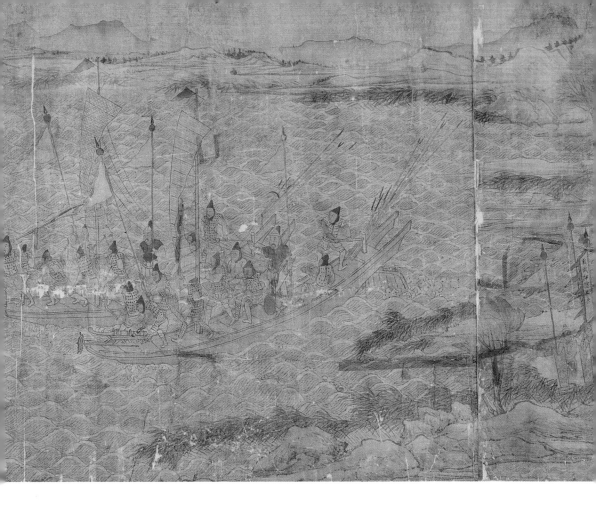

开稳定和谐的周边环境，所以要加强边防。他不但重用戚家军打击倭寇，而且改善和边疆少数民族的关系，在大同等地设立多处茶马互市。他深知国以农为本，在弄清楚全国究竟有多少土地之后，在全国范围内推行"一条鞭法"，把农民要承担的给国家上缴的税收、提供劳动力供国家役使等义务，统统折合成银两缴纳，大大减轻了农民的负担。"张居正改革"是张居正对日薄西山的大明王朝所进行的最后一场努力。

17

明皇宫的悲情母子

孝端皇后凤冠

1957年10月，明定陵地宫出土的文物中有4顶凤冠，其中这件九龙九凤冠属于孝端皇后，极为尊贵。与孝端皇后同陵的孝靖皇后却一生坎坷。孝靖皇后王氏是明光宗朱常洛的生母，生前死后都受尽冷落和屈辱，直到孙子朱由校登基后，才正式被追封为孝靖皇太后，迁入神宗和孝端皇后的定陵地宫内。

从宫女到恭妃的坎坷人生

明朝选秀的前三名会被钦定为一皇后、俩妃子。落选的女子一部分被遣返回乡，姿色较好的留下来成为宫女。落选的王氏被分配到慈宁宫，作为宫女侍奉李太后。三年后的某个傍晚，李太后亲手制作了一道琥珀燕窝小菜，让王氏给皇帝送去。神宗看到王氏苗条秀气，颇有姿容，于是命她留下，不久王氏便有了身孕。按照惯例，皇帝临幸过的人必定会获得封赏，可神宗不但不赏赐，还拒绝承认与宫女王氏的关系。李太后让人取来《起居注》（专门记录皇帝的所言所行）拿给神宗看，神宗才勉强承认。神宗迫于李太后的压力，封已怀胎七月的王氏为恭妃。

王氏果然生下一个男孩，即明神宗庶长子朱常洛。不久，朱常洛被卷入国本之争的风暴中。明朝礼制规定，依据"有嫡立嫡、无嫡立长"来立太子。明神宗钦定的皇后没有生育嫡子，王恭妃生的庶长子朱常洛，理应是皇太子。群臣和李太后都支持立朱常洛为太子，可惜神宗不喜欢王氏母子。因此，立太子的问题迟迟不能解决。大臣们与皇帝斗了十余年，最终才在李太后的干

孝端皇后凤冠
通高48.5厘米
冠高27厘米
径23.7厘米
重2320克

预下，将庶长子朱常洛立为皇太子。神宗久久不愿立朱常洛为太子，却不加封太子生母王恭妃为皇贵妃。又过了5年，皇长孙出生，才不得不将王氏晋封为皇贵妃。

自朱常洛被立为太子后，王氏就被幽禁在景阳宫，整整十年不能与儿子见面，直至病危卧床不起，神宗才允许朱常洛去看望她。景阳宫宫门紧锁，朱常洛撬锁进入后，发现母亲已双目失明多年，心中悲恸万分，母子俩抱头痛哭。当天傍晚，王贵妃气绝而亡，终年46岁。

神宗刻薄地按照前朝未生育子女的皇贵妃的礼仪规格给王贵妃办理葬礼，棺内除了为数不多的丝织品外，仅有数枚银锭和一些银制器物，没有一枚金锭，不派人守墓，也不发放守墓的费用。

直到王贵妃的孙子朱由校成为皇帝，才下令厚葬孝靖皇后，她的棺木里装满了织锦、金、银、玉等殉葬品，像一个珍宝仓库，有各种美妙绝伦的艺术品和价值连城的宝器。这也许是王氏后人对这个悲惨女人所能做的唯一补偿和慰藉。

明宫三大悬案

孝靖皇后的经历让人扼腕，一生不得神宗垂爱，被辜负，被冷落，被遗弃。她的悲惨经历似乎还自带基因，也一同传递给了明光宗朱常洛。他和她的母亲一样，空顶着至尊的太子头衔，却受尽冷落，是明代历史上在位时间最短的皇帝之一，他从登基到驾崩，只有29天时间。他的死因蹊跷，两颗红丸，一条人命，震惊朝野。朱常洛出生悲哀，童年悲剧，青年悲惨，最终悲情离世。他是明宫三大悬案梃击案、红丸案、移宫案的悲情男主角。

明光宗朱常洛在野蛮父亲的一手打压下，成为没有父爱和母爱的大龄皇宫失学儿童。

在国本之争的问题上，朱常洛和她的母亲王氏一样身不由己，被裹挟进政治旋涡，被郑贵妃视为眼中钉肉中刺。郑贵妃买凶杀人，差点要了朱常洛的小命，这就是明宫三大悬案之一的"梃击案"。因行凶计划不够周密，朱常洛侥幸活下来，还顺利熬到了神宗皇帝离世，自己成为皇帝。

朱常洛登基后沉迷酒色，庸医登场，吞下两颗红丸后毫无征兆地驾崩，这就是明宫三大悬案之二的"红丸案"。

朱常洛死后，他的长子，明熹宗朱由校（历史上非常有名的木匠皇帝）居然被后宫妃子西李选侍和宦官魏忠贤密谋劫持，试图以此把持朝政，因为他们违背礼制侵占乾清宫（皇帝的居所），随后失败又移往仁寿宫（妃子的居所），所以被称作"移宫案"。

纵观孝靖王皇后和其子朱常洛、其孙朱由校的一生，我们看到了皇宫奢华生活的背后，充满了权谋和争斗。

嵌宝石金头面

首饰的等级尊卑

当女人遇见珠宝，女人会因珠宝的点缀而增加风采，珠宝也会因女人的美丽而有了生机和灵性。从明朝开始，各种首饰在发髻上的位置逐渐固定下来，形成一套完整的首饰群，称为头面。头面不仅具有惊人的整体效果，而且单拆开来也极具欣赏价值。

明代头面

女人和珠宝有一种天然的亲近感和共通性。英国伟大的剧作家莎士比亚曾这样解释说，"珠宝虽然沉默不语，却比任何语言更能打动女人的心"。男人好权力，女人爱珠宝，几乎是人类社会男女在欲望上达成的一种共识。于是乎，宝剑佩英雄，珠宝归佳人。

明代贵族使用的金质饰品式样丰富、制作极为精美，可以代表明代首饰的最高水平。如果说唐宋首饰美在韵致，那么，明朝首饰赢在套系。从明朝开始，各种首饰在发髻上的位置逐渐固定下来，形成一套完整的首饰群，称为头面。

郑和七下西洋，斯里兰卡的红宝石、蓝宝石进入了明代贵族的生活中，并出现在冠服之上，成为其身份的象征。明代帝陵和贵族墓藏出土了不少金镶宝的饰品和器皿。对明代陵墓出土的若干组首饰进行分析后发现，一副完整的头面大致包括如下组成部分：挑心一支，分心前后各一支，顶簪一支，鬓钗一对，掩鬓一对，各式小簪、啄针一至三对。挑心簪戴于髻的正面当中，属于

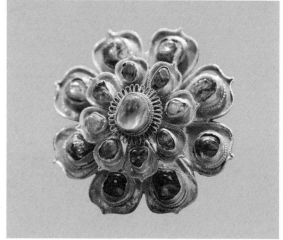

嵌宝石金头面

曾娅 摄

一副头面中的核心。挑心之下、髻前后口沿各簪一支，名曰分心。掩鬓的插戴位置适如其名，插于两鬓。鬓钗通常是从下至上倒插在两个鬓角，因此纹饰为倒置，与其他簪钗不同。

昂贵的头面之美

女子因身份与地位的差异，妆戴的头面形式也不尽相同。最常见的女子日常头面穿戴要求为：戴金丝鬏髻，上饰挑心、各类虫草簪，前饰箍子、垂珠璎珞云髻，上饰顶簪，后围分心，两鬓插戴掩鬓，此套头面的妆戴形式是最常见的。根据出席场合的不

同，妆发的规格也有差异。明朝贵妇插簪子之前，需要先在发髻上套一个套子，叫鬏髻，各种首饰都插在鬏髻上。鬏髻用银丝编成，正中间是一支观音簪。观音簪位置居中，是贵妇头上最重要的簪子。往鬏髻斜上方挑起来插的簪子称作挑心。鬏髻背面的下端插着一支长条形的簪子，称作满冠。鬏髻顶端有一支从上往下插的簪子，称作顶簪。以黄金为托、镶嵌宝石，是明代首饰的标准样式。

礼服是明代后妃在朝拜与祭祀等特定场合穿戴的服饰。皇后在不同的册封典礼、庙会祭祀、朝拜活动等重要礼仪场合中穿着的礼服要匹配不同的妆发，最高规格的发饰是凤冠，它一直被视为尊贵的象征。

长期以来，戴凤冠、着霞帔，一直被视为妇女的最大荣耀。凤冠最明显的特点是其上装饰有凤样的珠宝，点翠工艺让色彩经久艳丽。在明神宗万历皇帝的陵墓中出土了4顶凤冠，它们的制作工艺、形制大致相似，而凤冠上龙凤数量的不同也成为区别凤冠级别的主要特征。虽然名为凤冠，但冠上龙的数量总是比凤多，反映了封建社会男尊女卑的社会现状。凤冠奢华的用材、庄重大气的造型，复杂精湛的工艺，能突出女子着盛装的雍容华美。明代皇妃凤冠的形制与皇后凤冠相比，以九只翠鸟取代了九条龙，以显示与皇妃皇后地位的差异。

明代后宫女子与朝廷命妇主要通过凤冠装饰的纹样、饰件多少、繁复华丽的程度来决定地位的高低。命妇的穿戴不能逾越等级制度，命妇的官级不同，冠饰式样与工艺的华丽程度也不同。

江千里制黑漆嵌螺钿执壶

漆工艺是中华文化宝库中一颗璀璨夺目的明珠，明清漆器工艺和漆艺名家呈现百花齐放的繁荣景象。江千里和他的螺钿漆器影响深远，在中国漆器史上留下了靓丽的一笔。

螺钿名工江千里

在古代，人们把螺钿叫作钿嵌、陷蚌、坎螺或螺填。螺，指嵌物的质地，钿是装饰的意思。螺钿漆器是将螺蚌壳片镶嵌于漆胎，再进行刻纹、填漆，然后将螺钿花纹细细打磨，使文质齐平的漆器。明代采用的软螺钿薄且精，工匠们将贝壳浸泡多日，经加热烹煮，贝壳的珍珠层软化剥落，从而得到极薄的贝片。工匠们将贝片切割成各种形状的装饰配件，再根据不同的设计拼合成图案纹饰。明清两代是中国螺钿镶嵌漆艺最为发达的时代，漆工江千里是中国螺钿镶嵌艺术领域中大名鼎鼎的能工巧匠，盛名远扬，开创了明代镶嵌螺钿细工的先河。遗憾的是，江千里一如当时许多漆工一样，关于他的生平，史书中留存的记载很少，甚至他到底是姓"江"还是"姜"，都很难确定，后人只知道他字秋水，他制作的漆器款名只有"千里"二字。

江千里的漆器作品主要有酒器、盒、盘、笔筒等，所嵌螺钿精工细雕，技艺精湛，浑朴华丽。清代《扬州府志》记录了当时流行的一副对联："杯盘处处江秋水，卷轴家家查二瞻。"查二瞻就是查士标，是康熙初年画山水的名家。这副对联形象地描绘了当时风行的雅致生活，也从侧面说明了江千里的艺术地位。

江千里制黑漆嵌螺钿执壶
通高35厘米
口径6.37厘米

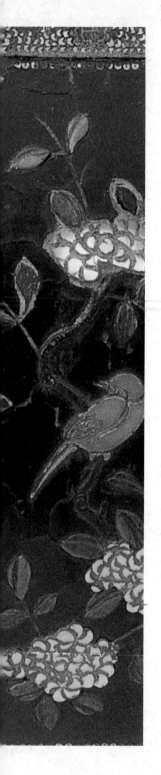

螺钿名匠江千里的出现并非偶然。西汉中晚期，扬州是重要的漆器生产中心。在隋唐，位于水陆商道结合点的扬州已经成为两京以外最著名的手工业商业城市。明代江南城市经济繁荣，许多重要的漆器生产中心皆位于江南地区，其中以扬州最为著名，形成了螺钿镶嵌、百宝嵌、剔红等著名的雕嵌品种，同时也出现了江千里、周翥等见于著述的漆器艺人。

江千里制作的漆器留存下来的并不多，只有以下屈指可数的珍品：中国国家博物馆收藏有江千里制黑漆嵌螺钿执壶，故宫博物院收藏有嵌螺钿金银片海水云龙纹长方盒、嵌螺钿山水人物楼阁圆盒和漆盘数件，河北正定县文物保管所收藏有嵌螺钿黑漆插屏，南京博物院收藏有螺钿漆盘，香港"抱一斋"收藏有螺钿漆盘，英国伦敦维多利亚艾伯特博物馆收藏有一对黑漆嵌螺钿盘，德国科隆东亚艺术博物馆收藏有黑漆嵌螺钿盘。

江千里制黑漆嵌螺钿执壶为方壶，细颈，通体横截面均呈四角形，方圈足略小于器身，造型俏丽。执壶有卷耳状细长柄，上扬平伸弯曲嘴，柄及周边棱角均嵌以薄而发光的小圆螺钿片及凹入成六瓣小朵花卉纹的锦纹。器身上下两层四面开光处嵌以红玛瑙、珊瑚、绿松石、白绿二色螺钿，构成一幅精致的花鸟蝴蝶和梅花纹饰，别具匠心。盖四周作描金缠枝花卉纹，盖顶作一朵嵌彩色螺钿的多瓣圆形花朵，闪红绿光，惹人眼目。壶柄与流皆以螺钿片嵌成六角形纹样。壶底圈足内有螺钿嵌"千里"款。

才子佳人入盘来

史书记载，江千里习惯以文学名著中的人物为创作题材，尤其对敢于对抗封建礼教、自主爱情的男女主人公情有独钟，形成了自己独特的制盘风格。元代剧作家王实甫的《西厢记》和明代剧作家汤显祖的《牡丹亭》, 都是他创作的蓝本, 崔莺莺、红娘、张君瑞和杜丽娘、春香、柳梦梅等人物给了他灵感。

《西厢记》的折子戏成为艺术创作中的经典题材。但集中使用, 还是体现在江千里的漆器上, 江千里漆盘可以说是这种影响的形象化反映。故宫博物院藏有四件尺寸相仿的"千里款黑漆嵌螺钿仕女图圆盘"; 其上图案纹饰是《西厢记》剧情的系列场景。这四件漆盘的四个图案分别是: 一件描绘庭院中一仕女正嘱附送信的丫鬟, 一件描绘庭院中一仕女正在叩门而丫鬟在门外守候, 一件描绘一位夫人正在拷问丫鬟, 一件描绘一仕女正提笔写信, 这些画面正好对应了《西厢记》中"探病""佳期""拷红""回柬"四折戏。南京博物院收藏有"千里款黑漆嵌螺钿西厢记图圆盘", 其盘面描绘了一位书生正在对窗鼓琴, 一仕女正与丫鬟在园中倾听, 这正与《西厢记》中的"琴心"一折对应。香港抱一斋收藏有"千里款螺钿人物纹圆碟", 其上画中房内仕女正在读信, 丫鬟在一旁伺候, 书童正等候于屋外, 此正是"酬柬"一折的场景。

漆器的盛行与明代精英阶层中盛行的雅玩、清赏息息相关。许多被收为鉴藏的古董食器或高贵的食具成为珍玩, 而不只作为日用品, 拥有或使用装饰华美的螺钿漆器成为显示身份以及社会地位的物品。自宋元以来, 精美的螺钿漆器制作一直是耗工费时之举, 价值不菲。在官绅富户的交际中, 使用高贵的螺钿器具, 其意义在于彰显主人的品位和社会关系。

在流行与时尚的推波助澜下, 江千里的螺钿漆器成为无人超越的名品, 因而仿效者众。一批带千里款的漆器传世, 也许其中有仿作, 但说明了"千里"是高品质螺钿器的代名词。

20

大明盛世

《皇都积胜图》

《皇都积胜图》是明朝的一幅画作。画面从卢沟桥经广宁门(今广安门)进入城区,又经正阳门棋盘街、大明门、承天门(天安门)、皇宫等街市,向北延伸至居庸关。画面描绘了明朝北京城的农夫工匠、行商坐贾、士子艺人、医卜星相、官宦隶卒、边军内传各色人等的百千世态。这幅画卷还描画了平原旷野的辽阔,村庄集镇的宁静,城郭街市的热闹,庙宇桥梁的巍峨,宫殿衙署的庄严,山川关隘的奇峻。画卷好像一部情景剧,鲜活的人、热烈的情、繁复的事,交织在一起。

走,逛街去!

  《皇都积胜图》全卷纵32厘米,横2182.6厘米,作者已不可考。因为画面上出现了北京的外城,卷后有万历己酉(公元1609年)翁正春(《明史》有传),故可断定这是嘉靖晚年到万历初年的作品。《皇都积胜图》所示画面是长卷中的正阳门、棋盘街和大明门一带的繁华景象。

  展开画卷,首先出现的是一条绿荫大道,路上有两三个行人和一辆独轮车,他们向北而行。在行人前面,还有两个官人押解着一辆八骡大车走着,两匹马儿飞快地从车旁掠过。

  穿过绿荫来到镇上,临街的茅屋瓦舍中有几家酒店,三五客官在打尖吃饭。离开这个小镇,但见两面铜锣开道,人们抬着四副插着黄旗的大箱笼,五个骑马挎刀的人在后面督运,人马过

处，行人都朝这边张望，只有茅屋里的汉子不停地摇着纺车。两个赶猪的老汉也一边扬鞭，一边吆喝。远处庄稼地里的农夫们正在烈日下锄地，这时，家人已把午饭送到树荫之下了。

再向前走，就看到赫赫有名的卢沟桥。栏板上的雕花、柱头上的狮子都清晰可见，这就是800多年前在金章宗时期修建的卢沟桥——北京现存最古老的石造联拱桥，也是华北最长的古代石桥。桥上迎面走来一队人马：领头马作为向导，伞盖随后，一群随员、护卫拥簇着一顶大轿子。还有一伙人马相向而过，伞盖下，一个衣冠华贵、手摇折扇的人骑在马上，十来名带刀校卫紧随其后，行人纷纷闪避。

过了桥，是一条很长的街道，街道上店铺林立，有旅店、货栈等。货栈前，脚夫们正在紧张地装卸货物。某家店铺的工匠正在炉前铸银锭子。这儿离京师已经很近了，宽敞的大道中间，有一群正在表演的杂耍艺人，观众把道路堵得水泄不通，连店铺里面的小伙子也正在伸长脖子张望，想必艺人们的表演一定精彩极了。

出了长街，行人渐多。挽车的，担担的，赶羊的，牧鹅的，路旁不时出现竹篱茅舍，鸡群觅食，妇女洗衣，一派升平气象。突然，两匹快马飞奔而来，看那紧急的样子，应该是投送公文的驿兵。这时，抬眼一看，城楼高耸，墙垣俨然，赫赫皇都近在眼前。

繁荣的皇都

京城果然名不虚传，车水马龙，街巷纵横，熙来攘往。一处处冲天招牌随风飞舞着，五颜六色的绸布、各种款式的靴帽、

《皇都积胜图》（局部）

纵 32 厘米

横 2182.6 厘米

大明盛世——《皇都积胜图》

闪闪发光的鞍饰，草药店，颜料铺，应有尽有。忽然，狮子和猛虎的低吼声吸引了你的目光，原来是前来进宝的番臣，外国使臣穿着奇装异服，赶着一队骆驼，狮子和老虎被关在牢固的大笼子里抬着。

再向前走，来到了正阳桥前的五牌楼。宽大的白石桥枕着护城河，雄伟的箭楼高耸在月墙之上。桥上桥下，卖水菜的，卖汤饼的，兑换银钱的，算命卜卦的，好不热闹。穿过月墙，走进月城，迎面正是壮丽的正阳门。正阳门和大明门遥遥相对，两门之间是棋盘街。

在纵横夹道的道路旁，有各种商铺，衣裳、布匹、绸缎、皮毛等，一处挨着一处；折扇、雨伞、木梳、刀剪、陶瓷器皿等，一摊连着一摊。街上有弹琵琶的，唱小曲的，人们三三两两，边走边看。数不尽的货物，望不断的游人，这就是明代大明门前热闹非凡的朝前市。

再向前看就是紫禁城了。高大的宫墙内，金碧辉煌，殿宇相连。午门、太和殿半隐半现，楼阁台榭，高下相间。内廷的阶梯上还可以看到几个捧盒、执扇的宫女，紫禁城的角楼也清晰地呈现在他们眼前。可惜一片祥云遮住了视线，紫禁城内的情景怎敢随便画在纸上呢？

雄关漫道

出了紫禁城，便是绿荫沉郁的景山，过了北安门（地安门）的石桥，画面便渐渐疏淡，这里已经是京城的郊区了。那连绵起伏的屏障是长城，还可以隐隐约约地看到一些刁斗和旌旗，这就是古称"北门锁钥"的居庸关了。关内可见衙署一座，烽燧上燃起了一缕烽火。衙前刀枪耀眼，士兵击鼓鸣金。一匹快马飞奔而来。前面关门紧闭，将士们列队于墙上。关前，有一群人的衣冠、旌旗截然不同于中原，每个人脑后都垂着两条短辫，这大概是北方的兄弟民族。队伍中的首领留着短髯，正立马凝眸，注视着南面的雄关。他们是在观察敌情呢？还是要去关内呢？画家寥寥几笔就把当时中央政权和边疆民族时战时和的复杂情势，真实而巧妙地表达出来。

至此，画卷已完。然而，"天苍苍，野茫茫"的万里关山，仍然留在画中，没有展开描绘，就让想象的翅膀带我们去塞外草原继续遨游吧！

21

爱印章的皇帝

皇帝之宝玉印

作为一名资深的印章爱好者，乾隆的印章有一千多方，常用的就有五百多方。皇帝之宝玉印是乾隆的帝玺，是真正的国之重器。它的印钮是一条独龙，象征祥瑞、权力和力量。这条龙呈盘坐状，四肢成缚平之势抓地，身子略往后收，双眼目视前方，自带威严。

皇家印章知多少

只有皇帝或皇太后、太皇太后、皇后等的印才可以叫玺或宝。官吏和百姓的印章只能称印。秦始皇有六玺，合称乘舆六玺，成为代表皇权和国家权力的重要象征宝物。一旦失去，也就意味着对权力控制的丧失，对国家占有权的丧失，同时意味着一个朝代的结束。这种观念一直延续到明清。

秦朝的玺印制度被历朝历代沿袭，但发展到清朝时，玺印的数量、种类、材质、样式都发生了巨大的变化。

皇帝之宝玉印的用料是名贵的和田碧玉。古代印章的材料一般有金、银、铜、铁、犀角、象牙、陶泥等。秦以前，天子、诸侯、官士、庶人的私印，用什么材料，刻什么样的形状，并没有特殊规定。秦朝，玉成为皇帝的专用印材，其他人不能用。秦汉至南北朝时期，最常见的印材仍然是铜，但这时也出现了金、银、铁、陶泥等材料，官印的形制、称谓和印材有了明确的规

皇帝之宝玉印
通高16.1厘米
边长16.1厘米
钮高9.8厘米

定，成为区分官阶的标准。印章的用料是有等级的，玉为第一，金次之，银第三，一般官吏只能用铜印。

　　这方玉印的印文为阳刻满、汉两种文字的"皇帝之宝"，体现满汉的交流与融合。印纽指的是印章背部的凸起部分，可用绶带（也就是穿戴用的绳子）佩戴在腰间，称印绶。早期的印纽注重实用功能，随着人们审美情趣的提升，雕刻工艺的发展，印纽也被雕成各种动物和器物形状，制作日渐精美，印纽逐渐以装饰为主。印纽的造型种类有璃、膝、龟、狮、龙、蛇、瓦、钱等。秦汉以来，官印印绶的颜色有严格的规定，以用来区分官员品级。私印印纽不受这些限制，形式更加丰富多彩。皇帝之宝玉印的印纽是一条龙。

国之重器

皇帝之宝玉玺不仅是一件艺术品，而且是一件治国利器，是权力的最高象征。据资料记载，乾隆时期对玺印制度做过重大变革，乾隆十一年对宫中所藏的皇帝宝玺进行了重新排比，钦定御宝二十五方，规定二十五方宝玺作为清皇室权力的象征，一直使用到清朝结束。

二十五方这个数量是有玄机的。秦朝有六方玺，明朝有二十四方玺。在中国古代，二十五是个吉祥的数字，预示着清朝的统治能够延续二十五代。乾隆帝认为，没有不被更替的王朝；他考察以前的历史，发现传位最多、历时最久的王朝是东周，为二十五代。清廷由关外盛京迁都北京，与周室东迁类似，所以他也希望清代传国至少二十五代。

二十五方玺印中，皇帝之宝玉印是清代使用频率最高的一方，在皇帝登基、皇后册封、皇帝大婚、发布金榜及重要诏书上都要加盖此印，据说皇帝出行都要随身携带这方印章。

玉玺有专门的保管和使用机构——尚宝司。尚宝司专设司保女官来保管玉玺。玉玺的使用礼仪和流程是这样的：尚宝司会拿着揭帖送到尚宝鉴，然后尚宝鉴请旨，获批准后到司保女官那里领取坐印，等到盖完印之后再送回尚宝司交给司保女官保存。玉玺用完之后，要清洗。清洗保养过程是这样的：先请钦天监选一个黄道吉日，叫洗宝吉日，尚宝太监将香物放入水中，这个步骤要与其他尚宝官员共同完成，最后送至皇极门清洗。清洗时，尚宝太监用大黄色丝绒拴住御印，双手恭捧，挂在脖子上，由尚宝卿用金盆清洗。洗好后入盒封好，这个过程叫入厘谨封。尚宝司

还必须把本年度的玺印使用次数统计出来并上报给皇帝。

爱江山更爱印章

乾隆皇帝除了有二十五方御宝用于公务，即用于各种国家重大事务的钦定外，他还有大量用于表明身份、建筑功用、为政思想、记事纪盛等内容的休闲类玺印，称为闲章。闲章主要反映皇帝个人的生活境遇、人生追求、个人情感等内容。

据统计，乾隆的印章多达1800方，常用的有500多方，数量非常庞大。他在位60年，平均12天就要制作1方印章，甚至有同一印文连续刻几十次的情况，如"自强不息"刻了45方。现在故宫博物院里还有许多没蘸过一点印泥的印章呢！

皇帝爱好闲章，是一种工作学习之外的休闲娱乐，也是一种情绪的表达和宣泄。雍正有一方闲章的名称是"为君难"，间接反映出虽贵为一国之君，却也如履薄冰，战战兢兢。这是对自身经历的一种真实感受。乾隆也一样，80岁时刻"八征耄念之宝"，又刻一个副章"自强不息"，以此鼓励自己老当益壮。

乾隆皇帝喜欢用闲章为前人诗画点赞。如果你看过古代书画艺术展，你应该会注意到书画上面有很多印章的印，那是古代收藏书画的一种传统，书画到手后加盖自己的印章，宣示所有权。乾隆帝非常喜欢在他收藏的书画作品上加盖自己的印章，他的印章多且大，有时甚至有喧宾夺主之嫌。

22

盛大的江南旅行

《乾隆南巡图》

《乾隆南巡图》是描绘乾隆皇帝第一次南巡江浙的历史画卷，这次巡游途经4省，行经5800余里，历时112天。南巡归来后由宫廷画师徐扬用5年时间完成这幅巨作。从画面描绘可以看出，这次南巡人马众多，尽显皇家威严，同时也展现了当时中国的社会风貌。

声势浩大的南巡

乾隆南巡人马众多，声势浩大，与清代的礼制（仪仗卤簿）有关。有记载说，这次南巡人数包括皇后嫔妃、随从大臣及护卫人员，共计2500多人，用马6690余匹。

在中国古代，皇帝出巡历来是国家大事，各朝都有礼制规定。清朝仪仗包括辂、辇、舆、旌旗、幡幢、伞扇、乐器、兵仗，皇帝专用的金交椅、金香炉、金唾壶等物品，器物总计达660多件。出巡路径的地方官员提前一天接到通知，要求于皇帝到达之日在道路左边迎驾。除了随行仪仗和官员迎驾，还有很多老百姓也会在道路较远处迎接圣驾。

乾隆第一次出游时正值他母后60大寿。为了表达孝心，乾隆谋划着带母后去江南好好地游玩一趟。前朝众多诗篇已经描绘了江南的美景和富饶，乾隆在位期间六下江南，说明他对江南是发自内心的喜欢。

《乾隆南巡图》描绘的出行目的是巡视黄河。

在古代，黄河曾经改道过20多次。乾隆时期，黄河的入海口是经由淮河入黄海。加上隋唐以来的京杭大运河也流经此地，于是，黄河、淮河、运河交织在一起，常常发生水患。清朝建都北京后，要依靠运河把江南的粮食运到京城。如果运河堵塞，粮食运不过来，京城就会陷入恐慌，黄河治理工程非常重要。这幅画卷的第三、第四卷向我们展现的是乾隆巡视黄河、监督黄河治理工程的场景。

整幅南巡图中，乾隆皇帝的一举一动、文臣武将的着装、出巡仪仗的派头、市井风俗乃至大江南北的自然地理景观都被描绘得惟妙惟肖。

随朕巡江南

请你设想自己是南巡队伍中的一名随从，跟着第一卷画卷，去感受一下南巡的盛况吧！

首先，你会看到从正阳门中走出来数十名手里拿着豹尾枪、腰间挎着弓矢仪刀的骑马侍卫，后面的侍卫大臣、司仪长和亲军护卫着黄龙大旗。五牌楼迪南的大街上，一道蓝布围幛拦截遮断。围幛以外，一些官民正在此回避。

南巡的大队人马和车辆沿大路西行至宣武门前，这一带楼舍整洁，店铺林立，各家店争相打着各种广告招揽生意。有卖日用百货的，有卖药材玉器的，有卖鞋袜手帕绸缎的，有卖笔墨纸砚的，有卖各种食物的。长长的街巷里，也有几处住户夹杂在店铺之中，大门上贴着对联：迎晓日，集新春；江山一统，天地同春等，这些对联充分显示了京师新年的节日喜庆气氛。路边衙门紧闭，贴着"翰

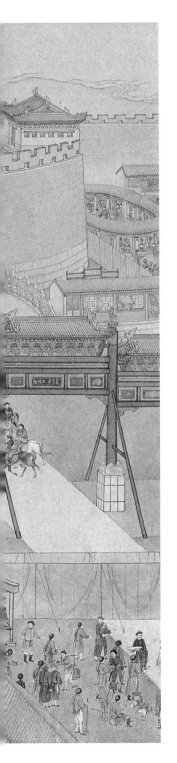

林院封"的封条。大大小小的店铺、商号迤迤逦逦，一直延伸到广宁门前。乾隆皇帝已到达广宁门外，他头戴黑色行冠，身穿石青色行褂、黄色行裳，足蹬黑色缎靴，骑一匹白色骏马，在九龙曲柄黄华盖下，神态平和，缓缓前行。

队伍来到卢沟桥附近的大路上，许多人正在洒扫街道。卢沟桥往南的大路上有不少拎刀的官吏、主兵，他们或徒步，或骑马，三三两两在大路上巡逻放哨。沿街店铺的店门大开、市招高悬，家家门前都摆着香案，为"圣驾南巡"焚香致礼。不少路人行色匆匆，许多车辆骡马和骆驼都满载重负，成群结伙地向南走去。两顶轿子各由四名差役抬着南行。长辛店汛和塔洼汛的衙署门前也摆着香案，戎服佩刀的官吏整齐地列队门前，恭候圣驾的到来。

顺着大路再向南行，在一片刚吐新芽的树林中，出现了一座牌坊。牌坊南面房舍俨然，大概是良乡县黄新庄行宫。在牌坊和行寓前有几个官员一边交谈，一边向北张望。几名差役正在大路上和行宫前洒扫。至此，你已经游完《乾隆南巡图》第一卷"启跸京师"的画卷。

从画面描绘可以看出，乾隆这次南巡兴师动众，极尽奢华，劳民伤财，这也暗示着清朝国力将由盛转衰。

《乾隆南巡图》（局部）
全套共12卷
总长15417厘米

《平定准噶尔图》

乾隆的第一功

乾隆皇帝在晚年回忆往昔时说，他在位期间发起十次军事行动，战功赫赫，是一个十全十美的皇帝，自称十全老人。他的第一功当数平定了西北分裂势力准噶尔部的叛乱。《平定准噶尔图》描绘了乾隆年间清军平定准噶尔叛乱的历史。它着力描绘了平叛途中沿途各族人民牵羊端酒来慰劳平叛大军的场景，记录了准噶尔部众几千人向清军投降的画面。

准噶尔部的前世今生

中国自古以来就是一个多民族国家，由汉族和众多少数民族组成。准噶尔部是蒙古族的一支。元朝灭亡后，蒙古人退守到北方一带。他们接受明朝的管理，不定期去拜见明朝的皇帝，进贡土特产。清朝时期，蒙古族分化为好几个部族，居住在以戈壁荒漠为中心的不同地方。

准噶尔部主要生活在伊犁河流域，这里水源充足，牧场肥沃，马匹强壮，有小麦、水稻、高粱等粮食，有好吃的瓜果。准噶尔部拿这些东西去跟其他部族交易。汉族人也常常买他们的马。俄国人也是他们的贸易伙伴。准噶尔部越来越富裕，力量越来越强大。

他们当时的可汗野心勃勃，在沙俄的挑唆下，经常发动战争。康熙二十九年（1690年），准噶尔部公开向南进犯，与清军交战。

23

康熙雍正时期有过平定准噶尔部的战役。准噶尔部的再次大叛乱是在乾隆年间。当时准噶尔部内部矛盾重重，上层贵族为争夺汗位各怀诡计。最后获胜的是一位叫达瓦齐的贵族，他的获胜离不开阿睦尔撒纳贵族的拥护和支持。这两人本来是合作关系，但是权力让他们反目成仇，权力争夺战持续升级。准噶尔部的内战使当地各少数民族居民不堪其苦，有的反叛逃亡，有的投奔清朝。准噶尔部人民盼望结束混乱动荡的局面、归附清朝、拥护统一的民意迅速增强。

奔赴千里来相见

乾隆皇帝遇到了一个千载难逢的机会。1754年农历十一月，43岁的乾隆皇帝携一众王公大臣，从京城出发，骑马连续奔驰了3天，赶到了热河行宫——避暑山庄。

热河，是清政府处理政治、军事、民族和外交等国家大事的地方，也是接见各藩属国领导的主要场所。康熙、乾隆等皇帝每年差不多有半年都是在这里度过的。乾隆在避暑山庄接见了达瓦齐的劲敌阿睦尔撒纳。

原来，达瓦齐发兵将阿睦尔撒纳击败，阿睦尔撒纳只好逃到清朝向乾隆求救。阿睦尔撒纳一心想着打败达瓦齐，所以一见到乾隆，就竭力建议乾隆出兵攻打达瓦齐，双方一拍即合。

从这一年末到下一年初，清政府全力备战，在全国范围内征集马匹、粮草、牛羊，同时分别从西北地区、东北地区和内外蒙古调遣军队，在边境集结。

伊犁河

《平定准噶尔图》（局部）
纵41厘米
横808厘米

格登山大捷

伊犁河

万事俱备，1755年农历二月，清军浩浩荡荡地奔赴西北，去平定准噶尔部的叛乱。

清军兵分西北两路。北路大军的主帅是班第，被授为定北将军。班第当过兵部侍郎、兵部尚书。乾隆授阿睦尔撒纳为定边左副将军，是班第的副手。

西路大军的统帅是被授为定西将军的永常，他的副手是一位投降过来的蒙古将领萨喇尔，被授为定边右副将军。

当时乾隆预想进入西北会遭遇较大的阻击。然而，让乾隆万万没想到的是，清军所到之处，准噶尔人立即投降，几乎是兵不血刃，长驱直入，整个准噶尔部分崩离析，几乎无人抵抗。

这是因为准噶尔部连年内斗，元气大伤。当时准噶尔部普通人的生活已经穷苦到了极点，准噶尔部上层贵族大量降清，整个准噶尔部人心涣散。当时清军所到之处，准噶尔人夹道欢迎。乾隆赶紧调派得力大臣，专门安置络绎不绝来投降的准噶尔人。

到农历四月，清军的两路大军已经到达博尔塔拉。清军开始进攻伊犁，达瓦齐束手无策。面对准噶尔人雪崩一样的投降，达瓦齐根本无能为力。众叛亲离之下，达瓦齐只能退到一个叫格登山的地方。

达瓦齐带着万余人，背靠格登山，面临一大片沼泽，准备与追击而来的清军决一死战。清军很快扎好大营，做好进攻准备。就在双方严阵以待的时候，清军抓获了两个达瓦齐的逃兵，阿睦尔撒纳亲自审问，这两个人说达瓦齐的军队是"军械不整"，"众心离散，愿降者多"。

得到这一情报后，阿睦尔撒纳、班第等人决定，先派一个由清军中的准噶尔人组成的侦查小分队，伪装成达瓦齐的人，偷偷摸进达瓦齐的大营中一探虚实。

去格登山侦察敌情的队长叫阿玉锡。阿玉锡是雍正年间准噶尔部一名骁勇善战的下级官员。后来犯了罪，按法律要砍掉一只胳膊，为了逃避重刑而投清。他作战勇敢、敏捷，稳准狠，深得乾隆器重。

阿玉锡带着小分队摸到达瓦齐的大帐附近。阿玉锡发现达瓦齐部队的确人心涣散。因此当即决定，直取达瓦齐大帐。达瓦齐大营顿时大乱，他赶紧带着两千余人逃命，离开格登山。

就是这支25人的小分队，竟然一举击溃了达瓦齐的万人军队。更让人惊讶的是，这25人最终俘虏了6500多名达瓦齐的士兵，这就是格登山大捷。画卷上的核心画面描绘的正是这场战役。

24

皇帝的生日礼物

海晏河清尊

海晏河清尊是乾隆皇帝50大寿时由督窑官送上的瓷器贺礼。它的霁青色和粉色，是深沉睿智和青春朝气的完美融合。它的造型，尽显厚重大气。它的名字"海晏河清"，是清代统治者期盼长治久安、江山永固的政治愿望的体现，是东西方文化交汇的体现。它是粉彩瓷中的珍品，展现了中国绝妙的瓷工艺。

登峰造极的艺术品

圆明园的海晏堂建好后，乾隆皇帝龙心大悦，立即下旨烧制两件瓷尊，以陈列在海晏堂内。海晏，取自"河清海晏，国泰民安"，意思是黄河水流澄清，大海风平浪静，用来比喻天下太平，有歌颂盛世和平的古祥含义。在乾隆皇帝50大寿的当天，督窑官送上了这两件海晏河清尊，满朝文武百官惊叹不已。乾隆皇帝大喜，立即命人将两件瓷尊陈放在圆明园的海晏堂内。海晏河清尊体现了清代统治者期盼长治久安、江山永固的政治愿望。

海晏河清尊首先吸引人的是它的颜色。它那通体如雨后天空的霁青色和腿部的荷花粉，形成鲜明的对比，是深沉睿智和青春朝气的完美融合。它的造型是圆口、卷唇、直颈、鼓腹、平底，呈现出华贵大气的视觉美感。它的装饰同样别具特色，通体用金线装饰，体现了皇家气派。尊颈处是描金蕉叶纹，肩膀处是描金如意云纹，肚子上是描金缠枝莲花纹，腿部装饰着盛放的粉色荷花，身体两侧立着两只白色燕子。尊外底有篆书"大清乾隆年制"六字款。

此尊的粉色荷花粉润鲜艳，看上去娇艳欲滴，非常有质感。粉彩瓷是清朝康熙后才出现的制瓷技艺。它能够染出花瓣的明暗面、正反面，使花朵看上去娇艳欲滴、活灵活现，用手摸上去又有一定的厚度。粉彩瓷作品的画面层次感丰富，甚至有"花有露珠，蝶有茸毛"的评价。

植物纹饰的大量运用是儒家思想的体现。儒家有天人合一的思想，主张自然与人的和谐统一。在瓷器纹饰上，工匠们往往把自然界的花鸟鱼虫、飞禽走兽、山水树木等与人们美好的愿望相结合，使瓷器纹饰充满天然的设计思想。如瓷器纹饰上常见的蝙蝠、梅花鹿、怪兽与喜鹊，取其谐音，即为"福、禄、寿、喜"。儒家形容理想的君子品格，坚贞高洁的情操，常用"岁寒三友"松、竹、梅，"四君子"梅、兰、竹、菊来象征。把这些象征性的植物装饰在瓷器上，使得人们在日常生活中的细节处也能得到教化和启示。

东西方文化的交汇

如果用两个词来形容海晏河清尊，那应该是华丽、繁复。这样一种华丽繁复的风格刚好贴合了这一时期欧洲人，尤其是法国人的心理需求。

在与乾隆差不多同时期的法国，路易十四去世了，法国的艺术风格发生了改变。太阳王路易十四所喜爱的伟大、静穆、庄严的古典风格退出了主流地位，轻松、优雅、可爱、智慧，成为艺术的象征，这种新的艺术形式被称为洛可可艺术。粉彩瓷纤细柔弱的线条、精美富丽的色彩，与洛可可艺术的审美特征非常契

海晏河清尊
高 31.3 厘米
口径 25.1 厘米

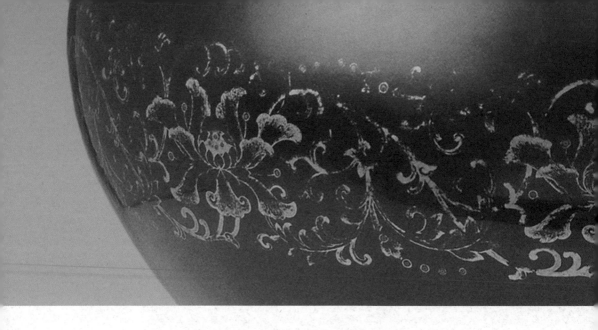

合，因而引起西方人狂热的购买欲望。

三四百年前的欧洲，尤其是法国，人们疯狂地迷恋中国商品，比如茶叶、丝绸、瓷器等，掀起了一场声势浩大的中国风物热。传说，法国国王路易十五曾为他的情人蓬巴杜夫人拨巨款购买中国瓷器。他的孙子路易十六也对中国瓷器极为迷恋，王公贵族们更是爱不释手。乾隆时期，在法国宫廷的影响下，德国、英国、意大利、俄罗斯以及北欧各国的中国瓷器收藏热持续升温，中国瓷器潮水般地涌入欧洲。

乾隆时期，无论是瓷器的造型、釉色、制作工艺、纹饰、品种等，都达到了顶峰。从器型来看，主要有各种各样的杯、盘、碗、盏、碟、瓶、罐、缸、盒、尊、盆、壶等，形态各异，数量巨大。瓷器纹饰丰富多彩，山水、人物、动物、花卉、吉祥图案等发挥到了极致。瓷器装饰手法综合了多种工艺，贴花、刻花、印花、雕花、镂空、堆塑、彩绘等综合使用，很多瓷器采用了多种装饰工艺。

制瓷工艺的发展与皇帝的喜好和重视分不开。据传，每当

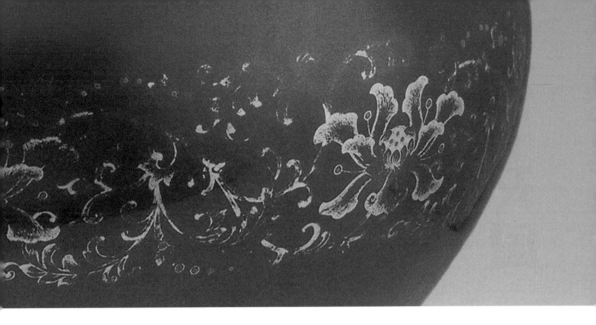

国宝小档案

我的名字：海晏河清尊。

我的特征：这件瓷尊是景德镇御窑为圆明园海晏堂烧制的陈设品，在乾隆三十五年制成。

我在哪里：中国国家博物馆。

我能告诉你：它是承载着康乾盛世光辉历史的重器，是清朝统治者对国运的期许。

烧制重要瓷器的时候，乾隆皇帝都要亲临现场，对于新陶瓷的外形、颜色、纹饰等给出建议，有时还会动手指导，大多优质的瓷器都是在皇帝的监管下制作的。当时的制瓷监督人员为了讨好乾隆帝，研发了全新的瓷器烧制工艺，注重求精、求新、求妙，生产出类型众多的新型陶瓷，使瓷器生产技术进一步提升。

乾隆时期的瓷器传递出的祈求安定、和平、幸福、欢乐、财富等美好愿望，是不同种族的人类的共同愿望。所以，这种带有吉祥寓意的纹饰也受到当时欧洲人的喜爱，符合欧洲各阶层人民的心理愿望和生活意趣。

正是中国瓷器等商品流入欧洲，让西方人知道东方有一个富有美丽的中国。瓷器的华丽反映出盛世的景象，西方人此时还不敢轻举妄动。同时，乾隆时期瓷器的华丽繁复反映了当时社会风气的奢靡，社会表面的繁荣掩盖不住日渐衰败的趋势。

25

太平天国

天王洪秀全玉玺

> 这方玉玺是清朝晚期农民政权——太平天国的领袖洪秀全的玉玺。它见证了清朝由盛转衰时，不同阶层的人汇聚在一起的一段艰难前行的运动，但最终归于失败的历程。

鸦片战争带来的变化

1840年，英国人发动了鸦片战争，中国在这场战争中大败，中国的处境发生了极大的变化。清政府与英国人签订了第一个不平等条约——《南京条约》，要求清政府割地赔款给英国，中国必须开放广州、厦门、宁波、福州、上海这五个城市作为通商口岸。自此，中国沦为半殖民地半封建社会。

通商口岸是外国人用武力让清政府划定某一区域，外国商品可以通过此地流入中国市场。在鸦片战争之前，清政府觉得自己地大物博，不用主动跟外国人经商，并且不允许外国商品自由流入。

《南京条约》签订后，举国受影响，首当其冲的就是以种地为生的农民。在鸦片战争前，他们的生活状态是自给自足的。鸦片战争后，农民的生活陷入穷困。农民的负担重了，花销大了，收入少了，还有一些人甚至为了交税抵押土地，最后失去土地。他们的生活境况越来越差。

屋漏偏逢连夜雨，1846年至1851年，黄河流域和长江流域多地连续遭到严重的自然灾害。1849年，长江六省遭受了百年

不遇的大水灾，大约有 3000 万人直接受灾。农民生活苦不堪言，各地农民对清政府和当地政府不满，示威、暴乱接连不断。

生活在广西地区的农民尤其悲惨，除了水灾、旱灾，1851 年还发生了大蝗灾，庄稼颗粒无收。就在大家悲伤绝望的时候，一个叫洪秀全的人，对他们说："兄弟们，跟着天父，有饭吃。"号召大家跟着他起来反抗。

洪秀全说："我有一个哥哥叫耶稣，如今世上遍地妖魔，所以要我为王，给我一把宝剑，派我到人间除妖（政府和洋人），带领大家过上好日子"。其他人一听有个人可以带他们"斩妖除魔"，过上好日子，无不欢欣鼓舞。1851年，洪秀全号召很多饥民、农民等追随者，宣布成立一个新的国家，取名为太平天国，意思是说，要推翻腐败的清朝，让天下太平。他们尊洪秀全为天王，他们的军队叫作太平军。

这一年，清朝的道光皇帝过世，他20岁的儿子继位，年号咸丰。咸丰皇帝很头疼，因为他的官员、士兵等许多人吸食鸦片成瘾，醉生梦死，只知道吃喝玩乐，无心打仗。

太平军势如破竹，一路从广西打到南京，顺利攻下许多城池，占领南京后，就把南京定为国都。太平军行军途中，一呼百应，追随者越来越多。有人说，太平军人数最多时曾达60万人。

洪秀全在此期间制作了一方玉玺。这方玉玺用青玉制成，正方形，纽背刻有云纹，纽侧刻双凤朝阳纹。玺文上面刻双凤朝阳纹，左右刻龙纹，下面刻立水纹。玺文用宋体正书阳刻，共44字，玺文为"天父上帝，天兄基督，天王洪日，恩和辑睦，救世幼主，主王舆笃，八位万岁，真王贵福，永定乾坤，永锡天禄"。

太平天国的新制度

一开始，洪秀全提出了许多让农民特别喜欢的政策。

他颁布了《天朝田亩制度》，这个制度有两个最重要的规定。一是把土地重新平均分配，使天下共享天父大福，达到有田同

耕，有饭同食，有衣同穿，有钱同使，无处不均匀，无人不保暖的理想社会。这些想法很快俘获了农民的心，因为土地是农民的命根子。他要求成立圣库，无论是穷人还是富人，大家都把钱交到圣库，集中管理，需要用钱的人，可以从圣库中领取。他还要男子剪掉长辫。太平天国还规定男人只能娶一个妻子，这在三妻四妾的古代是惊世骇俗的。但是，天王自己有80多个妃子。饮酒、赌博等不良嗜好，也一律予以禁止。过去穷人家常把子女卖给有钱人家当奴仆，这样悲惨的交易也被禁止。太平天国禁止女性缠足。古代的中国妇女，从小就要把脚缠起来，裹得很小，走路都走不快，就是古文中说的"莲步"。这种美丽是以牺牲女子的健康为代价的。

同时，太平天国禁止崇拜祖先，禁止崇拜孔子、孟子，不许读他们的书籍，甚至称：孔子是私自从天上逃到凡间，后来被天使捉回天上，被狠狠处罚，永远不准下凡了。孔子被尊为我国古代的第一大圣贤家，为什么洪秀全如此说他呢？原来，洪秀全也是读书人，一心想榜上有名，可是考了三次都名落孙山，从此洪秀全由爱生恨，把圣贤书全部烧掉。

太平天国政权的种种措施都没有坚持到底。太平天国政权的领袖，虽然搬运了一个西方的基督神，但他自己却俨然是另一个封建帝王。

太平天国运动只是众多反抗清政府的事件之一，在这之后，各个群体的反抗斗争愈演愈烈，清政府的统治终于在1911年底结束。自此，中国古代最后一个王朝——大清王朝宣告灭亡。